AMMERGAUER ALPEN

Dieses Buch wurde mit aller Sorgfalt geschrieben und bebildert. Dennoch müssen alle Angaben ohne Gewähr erfolgen. Weder den Autoren noch dem Verlag ist es deshalb möglich, für Nachteile oder Schäden, die aus den gemachten praktischen Hinweisen resultieren, eine Haftung zu übernehmen.

Titelbild: Geiselstein, Gabelschrofen und Krähe im Dunst eines späten Herbstnachmittages.

Umschlag Rückseite: Schloß Neuschwanstein

Seite 1: Schleierfälle

Innentitel: Die Nacht senkt sich über die Ammergauer Alpen.

Verlagsnummer 1406
ISBN 3-87051-827-8

© 1996 by Fleischmann GmbH & Co.

Alle Rechte vorbehalten. Nachdruck, auch auszugsweise, sowie Verbreitung durch Film, Funk und Fernsehen, durch fotomechanische Wiedergabe, Tonträger und Datenverarbeitungssysteme jeder Art nur mit schriftlicher Genehmigung des Verlages.

Lektorat: Brigitte Teutsch, Axams
Produktion und Design: Reinhard Strohmeier, KOMPASS Rum/Innsbruck
Umschlaggestaltung: Günther Haas, Innsbruck

DTP: Heko-grafic, Helmut Kohler, Tulfes
Reproduktionen: Tiroler Repro, Druckformen GmbH & Co., Innsbruck
Druck: Litografica Ed. Saturnia s.n.c., Trento

AMMERGAUER ALPEN

Bernd Ritschel

Mit Textbeiträgen von Marcus Lutz,
Julia Schlegel, Christian Schneeweiß
und Paul Werner

Bauernhaus in Graswang

Inhalt

Vorwort 13

IM WANDEL DER ZEITEN

Zerfurchtes Gebirge 21
Von schroffen Bergen
über grünen Tälern

Ammergauer Barock 34
Von kleinen Städten
und großen Klöstern

DER FRÜHLING

Handwerk als Tradition 49
Von Holz,
Farben und geübten Fingern

Des Königs Schlösser 54
Von wirren Träumen
eines traurigen Königs

DER SOMMER

Fels und Wald 63
Von neuen Routen
und gefällten Bäumen

Wandern ohne Grenzen 74
Von Aussichtsgipfeln
und langen Kämmen

DER HERBST

Zu Füßen der Berge 87
Vom Radeln auf Abwegen

Hoch über dem Nebel 91
Von klaren Tagen
und kalten Nächten

DER WINTER

Winterwandermärchen 99
Von weichen Formen
an weißen Pfaden

Weite Loipen 109
Vom Volkslanglauf vor
Ludwigs Haus

Spuren im Tiefschnee 114
Durch lichten Wald
und weite Hänge

Über die Textautoren 126

Der erste Neuschnee auf dem Vorderen Hörnle kündigt den nahenden Winter an.

Die Felsfluchten von Zugspitze und Geierköpfen verschmelzen zu monochromem Grau.

Ein Hauch von Regenwald in Bayern: die Schleierfälle an der Ammerleite.

Wuchtig erhebt sich das Wettersteingebirge über die bewaldeten Kämme von Kramer und Notkarspitze.

Winterwald am Pürschling

Verspielt streichen Herbstnebel über einen bewaldeten Rücken am Hennenkopf.

Abend auf dem Schellschlicht, tief unten bilden sich die ersten Talnebel über dem Plansee.

Vorwort

Eingemummt in Anorak und Überhose, stemme ich mich gegen Wind und Regen. Immer wieder stocken meine Schritte: soll ich unter diesen Bedingungen wirklich weitergehen? Aber der Wetterbericht versprach ja Besserung. Nur wer wagt, gewinnt. Aus Regen wird langsam Schnee, trotzdem gehe ich weiter. Zwischen dahinjagenden Wolkenfetzen lugt manchmal der bereits verschneite Gipfelaufbau der Kreuzspitze hervor.

Wenige Meter unterhalb des höchsten Punktes rolle ich im Windschatten einer kleinen Felsnische Schlafsack und Biwaksack aus und verkrieche mich, so gut es geht, in die wärmenden Daunen, das aufgebaute Stativ mit darüber gelegtem Anorak als Nässeschutz über dem Kopf, die Fototasche als Kissen darunter. Die im Wind tanzenden Flocken kann ich im Dunkel der Nacht nur mehr erahnen. Bald wird es aufreißen ...

4 Uhr nachts. Schlaftrunken schüttle ich den schweren Schnee vom Biwaksack, der Schlafsack, die Unterwäsche, die Schuhe, alles ist patschnaß. Noch immer schneit es in dicken Flocken. Wütend gebe ich auf, zitternd vor Kälte und Nässe packe ich im Licht der Stirnlampe meine Siebensachen und beginne im steilen Schrofengelände abzuklettern. Gerade einmal die nächsten zwei Meter kann ich im fahlen Lichtkegel erahnen. Ein halber Meter Schnee bedeckt meine gestrige Aufstiegsspur und alle Wegmarkierungen. Aber irgendwie komme ich auch aus dieser prekären Lage wieder heil hinunter, wenngleich auch ziemlich frustriert und mental erledigt.

Rund 20 Mal bin ich in den vergangenen zwei Jahren, fotografisch gesehen, umsonst auf irgendwelchen Bergen der Ammergauer Alpen gestanden. Wie oft habe ich dabei unfähige Meteorologen, meinen Beruf, diese Berge und mich selbst verflucht. Trotzdem war jeder einzelne Schritt in diesem Gebirge seine Mühe wert, waren jede Stunde, jeder Tag, jede Tour eine Bereicherung. Ich erlebte ja nicht nur Sturm und Schlechtwetter, sondern auch, allein für dieses Buch, über 100 wunderschöne Tage in dem kleinen Gebirge vor meiner Haustüre. Keine vergletscherten Bergriesen, keine Laliderwand, keinerlei Superlative oder spektakuläre Spielarten des Bergsteigens boten sich als fotogene Motive an. Der Reiz der Ammergauer Alpen liegt oftmals im Detail, verborgen vor allzu oberflächlichem Blick. Gerade dieser Umstand wurde für mich zur Herausforderung: Einen ansprechenden Bildband zu erarbeiten, der auch ohne Postkartenidylle und kitschige Klischees, sprich Gamsbart, Marterl, Lüftlmalerei und unzählige Kirchtürme, Beachtung findet. Von Büchern dieser Art – über den Pfaffenwinkel und des Königs Schlösser – wurde der Markt die letzten beiden Jahrzehnte überschwemmt. Im Vordergrund sollten im vorliegenden Band von Anfang an die landschaftliche Schönheit, die Natur und der Mensch stehen, der sich bewußt und genießend in diesem Gebirge bewegt, ein wenig aufgelockert durch Historie und Kultur und nicht umgekehrt.

Viel wichtiger war es mir, Ausschnitte des ganz banalen Alltags zu zeigen, zum Beispiel in der Reportage „Fels und Wald" den Kampf ein paar weniger Unbeachteter gegen Borkenkäfer und Waldsterben. Ich weiß, Kitsch und Idylle würden sich besser verkaufen, es geht

auch nicht ganz ohne, aber die Schattenseite der Realität ist mindestens ebenso wichtig, auch wenn sie hart und wenig attraktiv erscheint.

Schon bald hatte ich das Kreuzspitz-Drama wieder vergessen. Zusammen mit Christian, meinem treuen Gefährten bei so mancher verrückten Tour, biwakierte ich ein paar Tage später auf dem Daniel. Zwei kalte, klare Herbsttage machten alle vorangegangenen Enttäuschungen wieder wett. Die Ammergauer Alpen gaben uns diesmal genau das, was wir an und auf ihnen suchen: beschauliche und besinnliche Stunden in „noch nicht ganz so erschlossener" Natur. Die Welt war für uns beide, wenn auch nur für kurze Zeit, wieder in Ordnung.

Bernd Ritschel

Ein Wahrzeichen der Ammergauer Alpen: der markante Doppelgipfel des Ettaler Manndls.

Noch schmücken ein paar alte Ahorne den weiten Kessel über dem Soilesee am Laber.

Neugierig beobachtet ein Rudel Gemsen meine Schritte am Gipfelgrat der Kreuzspitze.

Eine alte Buche am Kühalpenbach bei Graswang

Herbstmorgen auf dem Hohen Ziegspitz, gegenüber die langen, schrofigen Grate des Schellschlicht.

Zerfurchtes Gebirge

Von schroffen Bergen über grünen Tälern

Zehn Finger krallen sich ins Gras des abschüssigen Wiesengeländes, die Schuhe kanten in glitschigem Lehm. „Bernd, hier geht's einigermaßen – oben wird's flacher!" rufe ich 'runter. Durch ein Waldstück queren wir und erreichen das angepeilte Bachbett genau über einem Abbruch mit Wasserfall. Timing! Über splittrige, teils naturgemäß nasse Felsabsätze hecheln wir hinauf, bis das Gelände sich zurückneigt und der Einschnitt inmitten einer weiten Blumenwiese endet. In einer felsdurchsetzten Rinne überlisten wir den anschließenden Latschenhang und gelangen auf den schottrigen Weg gleich unterhalb vom Gipfel der Notkarspitze.

Sechs dunkelgrüne Bergstöcke recken sich, von schroffen Gipfeln gekrönt, unvermittelt aus den saftigen Weiden des bayrischen Oberlandes in den weißblauen Himmel: Die fast unbesiedelten Ammergauer Alpen. Ihre breiten Haupttäler und die steilen Bergflanken sind dunkel vom Nadelwald, über dem sich saftiggrüne Almen ausbreiten. Droben beherrschen brüchige Schrofen (felsiges Gelände) oder undurchdringliche Latschendickichte die Szene, und auch auf kleineren Bergen thronen schroffe Felsgipfel. Im bewaldeten Lindertal zerteilten urtümliche Gewalten das Gebirge in eine nordwestliche und eine südöstliche Hälfte – eine Erleichterung für jeden holozänen (nacheiszeitlichen) Bergsteiger, kann er doch hier mit dem Auto direkt unter „seinem" Berg vorfahren und auf dem Rückweg König Ludwigs Schloß Linderhof besuchen.

Nur im Nordosten des Gebirges, im Ammertal mit seinen weiten, ebenen Wiesen, befinden sich einige Orte: Ober- und Unterammergau sowie das barocke Klosterdorf Ettal; neben einer einzigen Siedlung im Herzen der „Ammergauer", dem gemütlichen alten Bauerndorf Graswang.

Das Ammergebirge umfaßt das mit etwa 300 Quadratkilometern zweitgrößte Naturschutzgebiet Deutschlands. Es ist nicht nur eines der letzten Rückzugsgebiete des stolzen Auerhahns (um die Scheinbergspitze) und Heimat seltener Orchideen (besonders am Kuchelberg), die Tier- und Pflanzenwelt der Ammergauer Alpen ist überhaupt sehr vielfältig: Murmeltiere pfeifen am Hasentalkopf, und Schafherden grasen auf den alten, weiten Hochalmen rund um die Kramerspitze… Stolz schauen Gemsen vom Grat auf den armselig hochkeuchenden Zweifüßer herab, und elegante Dohlen führen dem auf der Hochplatte in die Runde blickenden Bergsteiger ihre atemberaubenden Flugkünste vor. An Blumen ist alles geboten, was auf Kalk nur gedeiht: Vom fröhlichen Frühlingsenzian-Polster bis zur exotischen Orchidee, wie dem hübschen Kohlröschen, von kleinen blauen Kugelblumen bis zu den duftenden Zwergsträuchern des Steinröschens …

Die steil aus dem Alpenvorland aufsteigenden nördlichen Vorberge der Ammergauer – die Hörnlegruppe und der Trauchberg mit der Hohen Bleick (1638 m) – sind nichtsdestotrotz weich geformt und mit dichten Wäldern bestanden (außer dem Hörnle, siehe „Wandern ohne Grenzen"). Ja, die tiefen Forste zwischen Unterammergau und Halblech bilden sogar eines der größten geschlossenen Waldreviere Bayerns! Die weitverzweigten Forstwege sind allerdings eher für Radfahrer oder Wanderer ein Vergnügen als für typische Bergsteiger.

Im Gegensatz zu den Kalkalpen im Süden bestehen die nördlichen Vorberge aus Flysch. Diese Schichtfolge von tonigen-sandigen Wechsellagerungen entstand während der Kreidezeit in einem mehrere 1000 m tiefen Graben in der Tiefsee. Der Flyschzone vorgelagert ist die Molassezone. Unter Molasse versteht man Sedimente, die während oder nach der Gebirgsbildung vor ca. 65 Millionen Jahren durch die Abtragung des aufsteigenden Alpenkörpers entstanden sind. Das abgetragene Material wurde durch Flüsse ins Meer transportiert. Dieser Meeresbereich wurde im Lauf der Zeit zweimal vom offenen Ozean abgeschnürt, was im Sedimentationsraum zu Süßwasserbedingungen führte.

Die mit einigen Sesselliften und Berghütten bestückte, langgezogene Kette zwischen Tegelberg und Kofel bildet den abwechslungsreichsten Teil des Gebirges. Bei ihrer Auffaltung muß es im wahrsten Sinne des Wortes drunter und drüber gegangen sein: Der bis zu 1924 m hohe Klammspitzkamm ist aus einem Mosaik verschiedenster Kalkarten zusammengesetzt, die zu unterschiedlichsten Zeiten aus Meeresablagerungen entstanden sind. Das besonders um die Pürschlinghäuser (siehe „Winterwandermärchen") zu bizarren Felstürmen und -bastionen erstarrte Gesteins-Chaos ist auch das beeindruckende Ergebnis unterseeischer Schlammströme. Denn dort, wo heute die Alpen in den Himmel ragen, erstreckte sich in grauer Vorzeit das lebenwimmelnde Thethysmeer, in dem delphinförmige Ichthyosaurier noch urzeitlichere Quastenflosser jagten – und Muschelbänke, abgestorbenes Plankton und Korallenriffe netterweise den Kalk anreicherten, in den heute der Kletterer seine Finger krallt.

Am luftigen Klammspitzkamm folgt ein Felskopf auf den anderen, und auf schmalen Steigen läuft man entlang steiler Wiesenhänge hoch über den Tälern dahin – immer mit freier Sicht auf die Bergwelt der Ammergauer Alpen. Ohne Trittsicherheit und Schwindelfreiheit braucht man sich aber selbst an diesen „kloanen Bergerln" nicht zu versuchen! Die fünftägige Tour von Oberammergau (mit seinen Lüftlmalereien und dem weltbekannten Passionsspiel-Theater) über die Klammspitze bis zum dräuenden Branderschrofen am Tegelberg ist die schönste Überschreitung in den Ammergauer Alpen; wobei man anschließend die König-Ludwig-Schlösser Hohenschwangau und Neuschwanstein oder die Altstadt von Füssen und einen der dortigen zahlreichen Badeseen „mitnehmen" kann.

Eine eindrucksvolle Variante dieses Wanderwegs führt ab der Kenzenhütte zu Füßen des sich bis 2082 m auftürmenden, mächtigen Hochplattenstocks über grüne Almwiesen zur Bleckenau hinunter, um anderntags über den keck aus den umgebenden niedrigeren Waldbergen hervorspitzenden Säuling nach Reutte zu leiten. Dort laden die malerischen alten Bauernhäuser und die eindrucksvolle Burgruine Ehrenberg (die im Mittelalter die damals bedeutende Handelsverbindung zwischen dem Lechtal und dem Fernpaß sicherte) zum Verweilen ein.

In der Hochplattengruppe haben Wasser- und Gletschererosion den harten Wettersteinkalk so aus weicherem Gestein herausmodelliert, daß steile Nadeln und Wände entstanden: Der Säuling ragt abends als flammende Felssäule über dem Lechtal auf – und um die Hochplatte ließ eine Einlage aus Oberrätkalk senkrechte Spitzen und Riffe aus bombenfestem Fels „wachsen", wie den Geiselstein und den Kenzenkopf. Die Mikrokügelchen dieses Gesteins aus den Gehäusen winziger jurassischer Strahlentierchen garantieren pures Klettervergnügen durch hohe Felsreibung. Der Südwesten der Ammergauer Alpen mit seinen kompakten Steilwänden über weichgeformten Almen beeindruckt also nicht nur Bergsteiger: er ist das Kletterparadies des Ammergebirges schlechthin (siehe „Fels und Wald") – abgesehen von einigen Extremrouten um Oberammergau.

Vom Gipfel der den meisten bayrischen Skitourengehern wohlbekannten Scheinbergspitze aus erhascht man den besten Blick auf das zentrale, hochalpin wirkende Massiv der Ammergauer Alpen: die rauhe Gebirgsgruppe um die 2185 m hohe Kreuzspitze. Wie im gesamten südöstlichen Ammergebirge beherrscht hier brüchiger Hauptdolomit das Bild, wie er aus dem Karwendel sattsam bekannt ist. Dieses „Karbonatgestein" aus ehemaligem Wattenschlick bietet der Vegetation wenig Nährstoffe, so daß die Humusschicht recht dünn und das Pflanzenkleid sehr empfindlich ist. Es wird von steilen Fels-Schrofen, Schutt-„Reisen" und den Schotter-„Griesen" der Wildbäche durchbrochen: Die Berge der Kreuzspitzgruppe zeigen abweisende Flanken und wilde Gipfel, und die Täler sind von Schluchten zerrissen. Oberhalb der niedrigen Baumgrenze bewegt sich der Bergsteiger inmitten eintöniger Latschenfelder oder steiler Grasfluren (siehe „Wandern ohne Grenzen"), und das Schrofengelände im Gipfelbereich erfordert wegen des splittrigen Gesteins äußerste Vorsicht – „alpine" Verhältnisse, die dem Bergerlebnis besondere Würze verleihen.

Am Gipfelgrat der Kreuzspitze

Im Süden des Ammergebirges zieht sich über knapp 10 lange Kilometer der Danielkamm hoch über dem Zwischentorental von Westen nach Osten. Aus über 2000 m Höhe fällt die geschlossene Bergkette in steilen Gras- und Waldhängen einen vollen Kilometer zum Talboden ab! Der halbe Kamm läßt sich von Lähn aus auf seiner einladenden Sonnenseite in luftiger Höhe überwandern, bis man in seinem südöstlichsten Gipfel den Kulminationspunkt der Ammergauer Alpen erreicht: den 2340 m hohen Daniel. Der frei schweifende Blick von diesem vorgeschobenen Aussichtssporn Richtung Wettersteinmassiv im Westen, Mieminger und Zentralalpen im Süden und den Lechtalern, Allgäuern, ja sogar der Silvretta im Osten sucht seinesgleichen! Weshalb der Daniel ein beliebtes, allerdings gute Kondition erforderndes Bergziel ist (siehe „Hoch über dem Nebel").

Die östlich gelegene Kramergruppe bleibt zwar mit maximal 1985 m gerade unter der „magischen" Zweitausend-Meter-Grenze; sie hat aber mit ihren weitläufigen Almwiesen unter meist schrofigen Gipfeln einen besonderen Charme. Andererseits bieten das gegenüberliegende, schroffe Wetterstein, das ferne Karwendel und die steilen Westabstürze des wenig bekannten Estergebirges von der Kramerspitze aus einen imposanten Anblick. Zu Füßen des Kramer, direkt oberhalb von Burgrain, liegt die Ruine der Burg Werdenfels, die der angrenzenden Ski- und Wanderregion um Garmisch-Partenkirchen ihren Namen gegeben hat. Die Gipfel sind mit dem weich gerundeten Kienjoch und dem steilen Hohen Ziegspitz für den Einsamkeit suchenden Bergsteiger gleichermaßen attraktiv (siehe „Wandern

Die kleinen Ammerquellen in der Au

ohne Grenzen") wie für den Geselligkeit liebenden Wanderer: Kramer- und Notkarspitze werden trotz ihrer Steilheit, felsigen Wege und vielen Höhenmeter häufig von Garmisch bzw. Ettal aus begangen (siehe „Winterwandermärchen").

Der steile Abstieg von der Notkarspitze mit dem atemberaubenden Tiefblick auf das Kloster von Ettal zeigt, wie verletzlich das anscheinend so dauerhafte „Ökosystem Gebirge" doch ist. Der Sturm von 1990 hat hier ganze Arbeit geleistet: Entwurzelte Bäume liegen kreuz und quer umher, unter der aufgerissenen Vegetationsdecke lugt nackter Fels hervor – und rundherum stehen kümmerliche Gruppen abgestorbener Fichten: der Borkenkäfer wütet, und das viele Rot- und Gamswild verbeißt jeglichen Jungwuchs. Über drahtseilgesicherte Steilstufen, elegant das Gelände nutzende Wegschleifen und eine dennoch benötigte Holzleiter gelangen wir hinunter ins Tal. Der Blick zurück deckt große vegetationsfreie Flächen auf, die durch „Hang-Abspülung" (Erosion) bald zu Schrofen „degradiert" sein werden. Der ganze Bergwald ist geschwächt! Und ich frage mich, wieviel schädigende Abgase und „Schmalspurjäger" wir uns noch leisten können, wenn wir wollen, daß auch unsere Kinder die Ammergauer Alpen so sehen werden wie wir: unten dicht bewaldete Bergflanken, droben felsige Gipfel – dazwischen weite Almwiesen und in einem versteckten Tal eine Gumpe (ein ausgespültes Wasserbecken) zum Erfrischen ...

Christian Schneeweiß

Ein Traum für jeden Wanderer ist die Überschreitung des saftig grünen Kuchelbergkammes bis hinüber zur Kreuzspitze.

Eingebettet zwischen Zwieselberg und Lichtbrenntjoch streckt der Plansee seine Arme Richtung Heiterwang und Reutte.

Am Rande der Ammergauer Alpen erstreckt sich mit dem Murnauer Moos eine der schönsten, leider aber auch sehr gefährdeten Moorlandschaften Bayerns.

Über Jahrtausende hat das Wasser der Schellaine tiefe Gumpen aus dem Kalkfels herausmodelliert.

Knorriges Geäst am Schartenkopf, im Hintergrund das Ettaler Manndl

Am Schartenkopf, tief unten im Streiflicht der Abendsonne die Au und Graswang

Herbstnebel über dem Forggensee

◀ *Heuschober im Murnauer Moos*

Ammergauer Barock

Von kleinen Städten und großen Klöstern

Kloster Ettal

Ettal: Ein bayrisches Nationalheiligtum

Vor langer Zeit begann ich als Student, mit dem Fahrrad die Orte der Pflichtvorlesungen in bayrischer Kunstgeschichte abzuklappern. Viel intensiver als später mit dem Auto erlebte ich die bescheidene Paßhöhe des Ettaler Sattels als das „Münchner Tor" zu den Ammergauer Alpen. Ich hatte den Eindruck, als habe die Natur hier das Verfügbare aufgeboten, um diesem weltentlegenen Tal ein unverwechselbares Eintritts-Szenarium zu geben. Vielleicht hat der Gründer von Ettal den Zauber dieses stillen Ortes gespürt und das Kloster dorthin gesetzt, wo es heute noch als eine sakrale Landmarke zwischen Manndl und Ochsensitz eingebettet liegt. Schon bei meiner ersten Fahrt stieg ich vom Ettaler Sattel auf den 1515 m hohen Ochsensitz. Wie sein eigenes Modell lag der gewaltige Bau des Ettaler Klosters, dieses bayrischen Nationalheiligtums, tief unter meinen Füßen im Tal, umgeben von einigen wenigen Anwesen.

Das Kloster wurde schon von Kaiser Ludwig dem Bayern 1330 aufgrund einer Gelöbnisstiftung gegründet und „Ze unser frauen Etal" (= Ehetal, d. h. Gelöbnistal) genannt. Ein italienisches Gnadenbild Mariä soll den Kaiser zu dieser frommen Stiftung bewogen haben. Unter der Führung eines Meisters sollten hier 12 Ritter mit ihren Frauen ein gottgefälliges Leben führen und Maria dienen. Freilich mögen auch politische Beweggründe für die Gründung ausschlaggebend gewesen sein: Der Kaiser wollte diese Wegstrecke in den Händen ihm ergebener Ritter wissen, denn Ettal lag an der wichtigen Handelsstraße von Augsburg über Garmisch nach Tirol. Nach seinem Tode konnte zwar das Ritterstift nicht mehr gehalten werden; das gleichzeitig gegründete Benediktinerkloster aber blühte auf. Im Jahre 1370 konnte der Freisinger Bischof die Kirche weihen, die bald zu einem wichtigen Wallfahrtsort wurde.

Dann zerstörte ein gewaltiger Brand 1744 den gesamten Komplex. 30.000 Bände der Bibliothek wurden vernichtet, und ebenso schmolz der reiche Kirchenschatz. Mit Hilfe des frommen Volkes wurde das Kloster nach vorhandenen Plänen des verstorbenen Münchner Hofbaumeisters Enrico Zuccalli von dem Wessobrunner Baumeister Josef Schmuzer auf dem alten gotischen Mauerkern wiederaufgebaut. Es wurde zu einem der großartigsten Denkmale bayrischer Barockbaukunst ausgestaltet und von einer 25 Meter durchmessenden Zwölfeckkuppel überwölbt. Im riesigen Kuppelfresko von 1746 erlebt die Welt der bayrischen Heiligen die Entrückung und Krönung St. Benedikts vor dem Thron der Dreifaltigkeit.

Oberammergau: Das Dorf der Passionsspiele

Eine Fülle von Flurdenkmalen begleitet den alten Weg von Ettal nach Oberammergau, dem Dorf der Lüftlmalereien, Holzschnitzer und Passionsspiele. Einzigartig ist der Blick aus der Bärenhöhle in der Kapellenwand auf den Kofel, das nur 1342 m hohe, aber markante alpine Wahrzeichen Oberammergaus. In der großen Höhle steht eine überlebensgroße Statue des Erlösers, stets von brennenden Kerzen umrahmt.

Zu periodischem Weltruhm ist Oberammergau durch seine Passionsspiele gelangt. Die traditionelle Ursprungslegende basiert auf einer Chronik, in der ein unbekannter Autor lokalhistorische Begebenheiten aus den Jahren 1485 bis 1733 zusammengetragen hat. Danach habe 1633 in den benachbarten Gemeinden eine so ansteckende Krankheit geherrscht, daß der Ort Kohlgrub bis auf 2 Ehepaare völlig ausgestorben sei: Die Pest! Ein auswärts tätiger Tagelöhner habe sie eingeschleppt, und nach ihm seien innerhalb von 3 Wochen 84 Personen gestorben. In dieser Not habe die Gemeinde ein feierliches Gelübde abgelegt: „... in diesem Leydwesen sind die Gemeinds-Leuthe Sechs und Zwölf zusammengekommen und haben die Passionstragödie alle zehn Jahre zu halten verlobt, und von dieser Zeit an ist kein einziger Mensch mehr gestorben." So berichtet die Chronik. Die gelobte Aufführung habe gleich im darauffolgenden Jahr das erste Mal stattgefunden und sei regelmäßig, ab 1680 auf die Zehnerjahre verlegt, wiederholt worden. Dieses ist mit Gelöbnissen vergleichbarer Art in anderen bayrischen Landschaften Urkunde dafür, wie das Volk seine Bühnenkunst als Kulturopfer auffaßte, das den erzürnten Himmel besänftigen könne: Das Passionsspiel ist eine Form des Gottesdienstes.

1890 begann in Oberammergau die große Zeit der Bühne: Hoftheater-Maschinenmeister und Dekorationsmaler waren am Werk, und sogar Fotografien vom Heiligen Land dienten als Dekorationsvorlagen. 1930 erweiterte man das Wetterschutzdach, so daß seitdem 5200 Gäste zuschauen können. Gleichzeitig stellte man die sensationelle neue Bühne vor, die den Charakter eines Freilichttheaters wahrte. Um den Einfall des Tageslichts nicht zu hindern, wurden die „Schlüsse" (Vorhänge), die bisher hin-

aufgezogen wurden, versenkbar konstruiert. Der große Bühnenkeller und bühnentechnische Einrichtungen, wie Walzen mit elektrischem Antrieb und Bühnenwagen, gestatten seitdem einen raschen szenischen Wechsel. Auf künstliche Beleuchtungseffekte wurde bewußt verzichtet. „Über den Stadtgassen von Jerusalem blaut der Himmel herein und über das Annashaus hin ruht das Auge auf den grünen Wiesen und dunklen Wäldern des Kircheggs und des Hörndle. Sonne, Sturm, Wind und Gewitter begleiten das Spiel, und manchmal geschieht es, daß gerade bei der Kreuzigung der Himmel sich umdüstert und das Sterben Jesu im Leuchten der Blitze und Krachen der Donner sich vollzieht..." (Franz Rappmannsberger, 1960).

Keine andere Gemeinde Bayerns kann sich einer mehr als 300jährigen Passionsspieltradition rühmen. Das 35. Jubiläum wurde 1990 mit 101 Vorstellungen begangen, wobei 480.000 Besucher gezählt wurden!

Im Jahre 2000 ist es wieder so weit: Die Männer werden sich lange Bärte wachsen lassen, und die Hauptdarsteller werden sich wie vor Jahrhunderten mit Leib und Seele in ihre Rollen vertiefen und einleben...

Füssen: Gestaltgewordene Geschichte

Füssen ist mir als Kurort lieb und vertraut geworden. So manche Stunde schwitzte ich in einem der riesigen, mit heißem Heilschlamm gefüllten Holzbottiche in Bad Faulnbach. Auf so einer Kur schließt man so manche interessante Bekanntschaft mit den besten Geschichtskennern, und auf den stillen Promenaden knüpft man gelegentlich auch zarte Bande. Nach mehreren Kuren hatte ich diese geschichtsträchtige Stadt von allen Seiten kennengelernt – und ihre Geschichte beginnt tatsächlich schon in der Römerzeit.

Im römischen Staatshandbuch des späten 4. Jahrhunderts wird unter den Binnenlandgarnisonen der Provinz Raetia Secunda ein Ort namens Foetibus genannt. Erst 1955 gelang der archäologische Beweis, daß dieser tatsächlich der Vorläufer des heutigen Füssen war: Im Innern des Schloßhofs hatte man die römische Befestigungsmauer aufgedeckt.

Die Siedlung am Fuße des Schloßbergs wird 1294 erstmalig als Stadt erwähnt, die um 1335 von Mauern umschlossen wird. Erst von den Welfen, dann von den Staufern bevogtet, fiel Füssen 1313 als Pfandschaft an die Augsburger Bischöfe, bei denen es bis zur Säkularisation verblieb: 1803 kam Füssen zu Bayern.

Dank der Lage an einer der wichtigsten Handelsstraßen über die Alpen (Fernpaß) entwickelte sich die junge Stadt zwischen Lech und Schloßberg zu einem Umschlagplatz des Transithandels.

Im Dreißigjährigen Krieg wurde die Grenzstadt schwer heimgesucht. 1703 vernichtete ein Brand Teile des Stadtkerns, der danach in neuer Form wiedererstand.

Ein Stadtrundgang ist kurz und erlebnisreich: Die Bürgerhäuser ordnen sich in einigen Gassen zu malerischen Giebelfronten; manche stammen im Kern noch aus dem Spätmittelalter. Von dem ehemals geschlossenen Mauerring ist ein Teil im Osten der Stadt noch erhalten, der als Mauer des stimmungsvollen alten Friedhofs dient. Hier stehen auch noch einige runde Wehrtürme mit Kegeldächern und Teile des mittelalterlichen Wehrgangs.

Eindrucksvoll überragt und beherrscht das gewaltige Schloß das gesamte Stadtbild. Schon 1322 war es auf dem gewaltigen Hügel im Süden der Stadt als Burgsitz entstanden. Die heutige, vierflügelige Schloßanlage umschließt einen imponierenden Hof mit illusionistischer Architekturmalerei. Hier ist auch das wirklich sehenswerte Heimatmuseum untergebracht.

Das ehemalige Benediktinerkloster St. Mang wurde in seiner jetzigen Form vom einheimischen Baumeister Johann Jakob Herkomer errichtet und 1717 geweiht. Herkomer, der seine Studienjahre in Venedig zugebracht hatte, schuf hier seinen ersten großen, berühmt gewordenen Kirchenbau. Den wuchtigen frühmittelalterlichen Turm ließ er als Wahrzeichen stehen, ebenso die ehrwürdige frühromanische Krypta.

Der Füssener Totentanz: Sagt Ja/Sagt Nein/ Getantzt Mueß Sein

Die Annakapelle von St. Mang war seit dem 16. Jahrhundert die Gruft der Ritter von Freyberg und Eisenberg. In ihr befindet sich das riesige 20teilige Gemälde des „Füssener Totentanzes", das 1602 von Jacob Hiebeler gemalt wurde – der älteste Totentanz Bayerns.

Die Ständerevue des Todes entspringt dem kulturellen Horizont des Mittelalters und hat in ihrer drastischen Sprache die Gemüter der Menschen zutiefst aufgewühlt. Die Totentanzidee konkretisierte sich unter dem Eindruck der großen, vom Orient her eingeschleppten Pestepidemie, die von 1347 bis 1352 über ganz Europa hinwegging und etwa ein Drittel der Bevölkerung dahinraffte. Es gilt als sehr wahrscheinlich, daß die Pest von 1590/91 den Anstoß zur Ausführung des Füssener Totentanzes gab.

Das Leitmotiv aller Totentänze ist die Gleichheit vor dem Tod. Der Tod holt sie gnadenlos alle: Macht, Würde, Reichtum, sie gelten nichts vor dem Tod. Die Menschen des Spätmittelalters wollten im Totentanz ihre bürgerliche Welt in der ganzen Breite und Vielfältigkeit wiederfinden.

So umfaßt die Standesreihe des Füssener Totentanzes 20 Personen, die einen Querschnitt durch das menschliche Leben zeigen: Wie immer steht der Papst an erster Stelle; dann der Augsburger Diözesanbischof, der Landesherr der Stadt; der Abt des Benediktinerklosters St. Mang selbst; und rangmäßig zuletzt, der Pfarrer. Der Kaiser als Verkörperung der obersten weltlichen Gewalt erschließt die Reihe der weltlichen Würdenträger. Nach Rängen geordnet sind auch die bürgerlichen Berufe: Arzt, Kaufmann, Wirt, Bauer. Der Kaufmann ist als Symbol des Wohlstands zu sehen: Füssen hatte im 16. Jahrhundert sein goldenes Zeitalter. Der Bauer war wichtig, weil er die Stadt mit Essen versorgte. In der Person des Wucherers erfahren wir eine zunehmende Ständekritik: Die Geldwirtschaft, der neue Kapitalismus, brachte das traditionelle Gefüge der Standeshierarchie ins Wanken; der Kapitalist war eine Bedrohung der gottgewollten Ordnung.

Es liegt nahe, die Einführung der Hexengestalt in den Füssener Totentanz dem allgemeinen Zeitgeist und den Ereignissen in der Umgebung zuzuschreiben – wahrlich, ein einzigartiges, erschütterndes, kulturgeschichtliches Dokument.

Ab 1580 sind Hexenprozesse in Sonthofen bekannt. In der „Pflege" (kleiner Landkreis) Oberdorf wütete der Hexenwahn besonders schrecklich: In der Zeit vom April 1590 bis Mai 1592 wurden 68 Hexen hingerichtet oder verbrannt. Im gesamten Werdenfelser Land östlich Füssens fielen dagegen 1590/91 „nur" 49 Frauen der Hexenverfolgung zum Opfer. Daß diese sich in Füssen selbst einigermaßen in Grenzen hielt, verdankt die Stadt sicherlich der Existenz des Benediktinerklosters, denn die echte Frömmigkeit seiner Mönche war die beste Abwehr gegen diesen Wahn.

Besonders erschütternd ist die Darstellung des Kindes: Der Tod, auf der Schulter eine Wiege mit Säugling, zieht in wildem Tanzschritt noch ein größeres Kind hinter sich her; hilflos und erstarrt, die Mutter im Hintergrund. Und dies sind die dazugehörigen Verse:

der Tod:

Der jugett thue ich nit verschonen,
Die kündlein nen ich wie die bluomen
Kom hehr mein liebeß kündelein,
Vergiß der muetter ietz bist mein.

daß kündt:
Schaw schaw mein liebeß muetterlein
Do geht ein langer man herein.
Der zuicht mich fortt vnd wil mich hon,
Mueß tantzen schon, vnd kan kaum gohn

Das letzte Bild zeigt den Tod des Malers selbst. Wenn auch der zugehörige Text eine tüchtige Portion Galgenhumor aufweist: das Bild hat Tod und Sterben in seiner vollen, ausweglosen Schaurigkeit eingefangen.

Auch heute noch verspüren wir die beklemmende Wirkung der Totentanzzyklen. Die ganz persönliche Auseinandersetzung jedes einzelnen Menschenschicksals mit dem allgegenwärtigen Tod wirft ihren Schatten auf unser aller Los voraus.

Der Füssener Totentanz hat im tirolerischen Lechtal originelle Nachschöpfungen gefunden, so in Schattwald, Elmen und Elbigenalp. Der Zyklus von Elbigenalp zeigt die jahrhundertealte Faszination dieses Themas: Die Totentanzbilder an den unteren Seitenwänden der Totenkapelle St. Martin schuf der einheimische Anton Falger noch in der 2. Hälfte des 19. Jahrhunderts ...

Der Tiroler Ammergau: Reutte und Vils

Reutte erlebte ich als das ländlich-tirolerische Gegenstück zu Füssen: Die langgestreckte Straßensiedlung, erst 1441 urkundlich nachgewiesen, ist geprägt von breiten, behäbigen Häusern bäuerlicher Herkunft. Die weit vorkragenden Bundwerkgiebel mit ihren reich geschnitzten Streben zeigen vielfach schwäbischen Einfluß. Anheimelnde Giebellauben, gebauchte eiserne Gitterkörbe vor den Fenstern, verzierte schmiedeeiserne Wirtshausschilder und eine prächtige Fassadenmalerei gleich der in Oberammergau bezeugen gelebte Tradition und barocken Frohsinn.

Die Reutter Freskantenfamilie Zeiller ist weithin bekannt geworden. Das große Deckengemälde in St. Nikolaus zu Elbigenalp, mit Christus auf einem Triumphwagen, gezogen von den Symbolen der vier Evangelisten, schuf Johann Jakob Zeiller 1776.

Wesentlich älter als Reutte ist das dörflich wirkende Grenzstädtchen Vils. Kaiser Ludwig der Bayer verlieh dem Ort 1327 das Stadtrecht. Von der einstigen Stadtmauer sind jedoch nur noch zwei Stadttore erhalten geblieben.

Mit der Geschichte dieser Grenzstation ist das Geschlecht der Herren von Hoheneck aufs engste verbunden. Das bedeutendste Zeugnis aus der hohen Zeit dieses Rittergeschlechts ist die Burgruine Vilseck, die schon 1263 urkundlich bezeugt ist. Der massige Bergfried und die Relikte einer halbrunden Befestigung dräuen noch halbzerfallen über steilem Abgrund. Im Schatten des Burgbergs hat sich ein uralter Kirchenbau erhalten: die St. Anna-Kapelle. Ihr Nordturm und das Schiff sind noch in romanischen Formen errichtet worden.

In Vils selbst treffen wir auf einen „alten Bekannten" aus Füssen: Die Pfarrkirche Mariä Himmelfahrt ist zu Beginn des 18. Jahrhunderts mitsamt Deckenbildern und herrlichen Stukkaturen von Johann Jakob Herkomer erbaut worden.

Die uralten geschichtlichen Verflechtungen von Füssen und dem tirolerischen Lechtal werden in diesem Grenzland immer wieder vor Augen geführt.

Paul Werner

Abbildungen Seite 39 bis 41:
Die Wallfahrtskirche Wies: Ruhe und Zeit sind nötig, um die ganze Schönheit dieser Rokokokirche zu erfassen.

Haflinger bei Eschenlohe

Göttliche Stille begleitet Schwester Agnes bei ihrer Radtour durch die Au.

Oberammergau aus der Vogelperspektive

Kraxenträger in Oberammergau

Straßenmusikanten in der Füssener Fußgängerzone

Die Ruine Ehrenberg mit Reutte und Säuling

Fast ein wenig verloren wirkt die Kirche St. Koloman in Nachbarschaft zu den weltberühmten Königsschlössern.

Handwerk als Tradition

Von Holz, Farben und geübten Fingern

◀ *Alte Traditionen mit modernem Nachwuchs: Bildhauermeister Tobias Haseidl aus Oberammergau*

Der alte Mann gehört hierher. An diese Werkbank, in diese Schnitzerei, nach Oberammergau. So wie immer sitzt er da, gebeugt über einem Stück Holz, an dem seine großen Hände arbeiten, Schnitt für Schnitt. Lindenholz. Für den Herrgott sei es das Beste, sagt der Schnitzer: nicht zu weich und nicht zu hart. Josef Pongratz muß das wissen. Er zählt zu den letzten im Dorf, die ein Leben lang den Christus am Kreuz schnitzen, zu den „Herrgottschnitzern". Und er ist jemand, der viel erzählen kann. Aus jener Zeit, in der die Schnitzkunst geblüht hat, in der ein Christus am Kreuz der Renner schlechthin war. Da ging es zu in der großen Werkstatt Lang! Aber als das Geschäft abflaute, das Kreuzigungs-Modell nicht mehr so gefragt war, mußte selbst der eingefleischte Christus-Schnitzer Pongratz mitunter einen „Oberammergauer Nachtwächter" anfertigen. Immer ruhiger wurde es in der Werkstatt Lang. Manchmal sitzt hier, an der langen Werkbank, nur noch einer: der 80jährige Rentner Sepp Pongratz. Derweil ist in Oberammergaus Straßen, in all den Schaufenstern voll himmlischer und irdischer Heerscharen aus Holz, nichts zu spüren von den Problemen der Schnitzer im Dorf. Ungefähr 120 sollen es sein. Immer noch, so scheint es, beherrscht die Kunst mit dem Holz den Passionsort. Doch auch das traditionelle Gewerbe im weitbekannten Oberammergau muß mit der Konjunktur gehen. Waren es früher die Kriege im Land, so ist es heute die Wirtschaft, die den Schnitzern im Passionsort Grund zur Sorge gibt. Nicht nur, weil Geschnitztes immer weniger gefragt ist – abgestempelt als überflüssiger Luxus oder als Kitsch in den Geschäften verstaubt: Die Kruzifixe, Madonnen und Engel, Esel und Ochsen, die sich in Oberammergau tummeln – sie sind nicht selten billige Importware: Massenprodukte. Die große Konkurrenz arbeitet im Grödnertal in Südtirol. Dort fräst Spitzentechnologie. Unter dem Siegel „holzgeschnitzt" werden die vollends maschinell gefertigten Stücke dann in aller Welt verkauft. Auch in Oberammergau, wo die Grödner Sonderangebote, die Josephs vom Fließband, den Wert der originären Kunst ruinieren. Der Umsatz muß eben stimmen. „Billig muß es sein. Dem Kunden ist es egal, ob sein Souvenir per Hand in Oberammergau oder per Maschine in Gröden hergestellt wird", sagt der Schnitzer Florian Lang. Seine Familie verkauft schon seit Generationen als Verleger – so nennt man die Großhändler der Schnitzkunst – in alle Welt.

Krisenzeiten gehören offenbar zur Schnitzerei wie dieses Handwerk zu

Oberammergau. Fette und magere Jahre wechselten sich immer ab, seit die Schnitzerei mit den Mönchen des nahen Klosters Rottenbuch ins Dorf gekommen war; nach der Legende soll es 1111 gewesen sein. Frühling und Sommer fielen damals spärlicher aus, und in dem Bergtal dauerten die eisigen Winter eine halbe Ewigkeit. Da saßen die Bauern des Ammergaus in ihren warmen Stuben und schnitzten. Was immer sie da fabrizierten, es war recht einfach, aber schmückte doch „den First der Häuser, gab den Löffel zur Suppe, den Knauf zu Messer und Gabel, den Schrein, die Truhe, eine zieratenreiche Lehne zur Faulbank", wie in einem alten Führer des Oberammergauer Heimatmuseums notiert wurde.

Aber mit der Reformation und ihren Wirren war es auch schon vorbei mit der Holzkunst im Großformat. Die Handwerker zogen sich zurück in ihre Werkstätten, stiegen um auf Kleinplastiken. Derart geschickt sollen die Ammergauer da gewesen sein, daß es für sie noch nicht mal ein Problem war, das Leiden Christi in einer Nußschale darzustellen. Und weil sie offenbar bald erkannt hatten, welch massive Finanzkraft in der Schnitzkunst steckte, wurde 1563 eine Handwerksordnung für Oberammergau erlassen. Jetzt durfte nur noch schnitzen, wer als eheliches Kind einer Schnitzerfamilie das Licht der Welt erblickt hatte – und der Broterwerb der einheimischen Schnitzergilde war fortan gesichert.

Prächtig blühte im 16. Jahrhundert das Geschäft mit den Figuren aus Holz. Oberammergau lag günstig, an einer der wichtigsten Handelsstraßen zwischen Italien und Süddeutschland. Mit einem Mal hatten die Oberammergauer den Weltmarkt erobert, zogen mit ihren Waren durch die Länder, belieferten Handelshäuser in ganz Europa. Doch dann kamen die Schweden und mit ihnen der 30jährige Krieg, später der spanische Erbfolgekrieg. Der Schnitzerei in Oberammergau setzte all das stark zu.

Erst als wieder friedlichere Jahre einkehrten, schlugen die Oberammergauer Wurzeln in aller Welt, gründeten Handelshäuser in St. Petersburg, Kopenhagen, Trondheim, Cadiz, Bremen und Amsterdam, ja bis nach Lima reichten ihre Handelsverbindungen. „Schon damals", so steht in der Dorfchronik, „gingen Ammergauer Waren durch alle Länder und selbst über den Ozean nach Süd- und Nordamerika." Zum Beispiel im Gepäck der Kraxenträger: Vollbepackt mit Kruzifixen, religiösem Schnitzwerk und buntem Holzspielzeug aus der

Heimat zog der Mann in Tracht durch die Lande und bot seine Habe feil. Viele der wandernden Kaufleute kehrten später wohlhabend nach Oberammergau zurück. Kranke und bedürftige Schnitzer wurden ab 1836 durch den „St. Lukas-Verein" unterstützt. Eine Vereinigung, die auch heute noch die „Hebung der Schnitzerei" zum Ziel hat.

Was die Kraxenträger auf ihrem Rücken in alle Welt brachten und noch viel mehr, das kann man im Heimatmuseum begutachten: Hunderte von Figuren und Figürchen, wahre Kleinode der Schnitzkunst; Kreuze, Krippen und ganze Heerscharen bemalter Holzsoldaten. Doch nirgends gibt es Auskunft über den Künstler. Es handelt sich eben um wahre Volkskunst, und die ist anonym. Oberammergau brachte die Dinge hervor, der Schöpfer blieb bescheiden im Hintergrund – und schnitzte. Zum Beispiel „kleinere Püppchen, ein buntes Gewimmel teils holzfarbener, teils bemalter, teils mit leinenen Kleidern geputzte Männlein und Weiblein, heilige und profane Persönchen, Häuslein und Tierlein, Altärchen und Kruzifixchen, eine Versammlung, so kraus und putzig, so originell und abwechslungsreich, daß man gar nicht weiß, wo man anfangen soll zu schauen, wo aufhören", sagte der Münchner Kunstkritiker Eduard Engels über die Kunst der Ammergauer. Mit dem Ruhm, zu dem das Oberammergauer Passionsspiel im Laufe des 19. Jahrhunderts kam, veränderten sich nicht nur Dorf und Leute, sondern auch die Schnitzkunst. Die Holz-Spielsachen gingen zugunsten religiöser Motive zurück. So entwickelten die Ammergauer schließlich ihren ganz eigenen Stil: „… jene bäuerische, unklar spielsachenmäßige Primitivität, welche die 'Gebildeten'… vertreibt, weil sie nicht den Mut zu der für unseren städterischen Geschmack unerläßlichen Konzentration, Bestimmtheit und Zielbewußtheit finden kann", schrieb Engels. Der Mann hatte offenbar recht. Ganz schlichte, einfache und gerade deswegen reizvolle Formen von früher kommen heute nicht mehr an bei der Kundschaft. Pompöses steht höher im Kurs.

„Wir schnitzen oft nicht nach unserem Geschmack, sondern das, was die Leute kaufen", sagt Florian Härtle, der zur jüngeren Generation der Schnitzer gehört. Wenn Florian Härtle an seinem Bestseller, dem „Kraxentrager", oder an seinen „Hampelmännern" arbeitet, dann ist jeder Handgriff genau kalkuliert. Denn Florian Härtle wird, wie Tobias Haseidl und die meisten seiner Kollegen, per Stücklohn bezahlt. Für einen kleinen Kraxentrager braucht er ein paar Tage, wenn er ihn aus einem grob vorgefrästen Stück Linde herausschneidet. Je schneller und perfekter er seine Arbeiten abliefern kann, umso höher ist sein Verdienst – kein Kinderspiel also, schon gar nicht für den, der frisch von der Oberammergauer Schnitzschule kommt. „Leicht ist es heute nicht mehr, mit der Schnitzerei eine Familie zu ernähren", sagt Härtle.

Wen wundert's, daß es schlecht steht um den handwerklichen Nachwuchs in Oberammergau, dem Dorf, in dem früher die Volkskünstler zu Hause waren? Die „Faßmaler", die geschnitzte Figuren mit einer geheimnisvollen Farbmischung lackierten, wodurch sie noch lebhafter wirkten – nur ein Handwerksberuf neben dem Hinterglasmalen, dem Klöppeln, Uhr- und Spiegelmachen.

Dann gab es da noch die Lüftlmaler. Ihre stolzen Gemälde an den Fassaden der

großen Bürgerhäuser fallen heute noch auf. Die verblüffende Scheinarchitektur am „Pilatushaus" etwa, von Franz Seraph Zwink (ca. 1747-1792) gemalt, der im Haus „beim Lüftl" lebte. Nach seinem frühen Tod wurde er deshalb „Lüftlmaler" genannt und die für Zwink und seine Nachfolger charakteristische Fassadenmalerei „Lüftlmalerei". Zwink malte „fresco", also in den frischen, noch nassen Mörtel und benutzte mineralische, im „abgesetzten Kalkgrubenwasser" gelöste Farben, die in den Putz eindrangen und sich in eine dünne wasserfeste Schicht verwandelten. Große Fingerfertigkeit war da gefragt, weil der Putz in wenigen Stunden trocknete. Luftiges, Schwebendes wird zwar zu Unrecht, aber nicht ganz zufällig in Verbindung gebracht mit dem Begriff der Lüftlmalerei. Meisterlich angefertigte Scheinarchitekturen und zahlreiche religiöse Gemälde haben Oberammergauer Häusern ein „luftiges" Aussehen gegeben, das Ortsbild geprägt. Franz Seraph Zwink begründete so eine Tradition, die lange in Oberammergau lebte, heute aber ausgestorben ist.

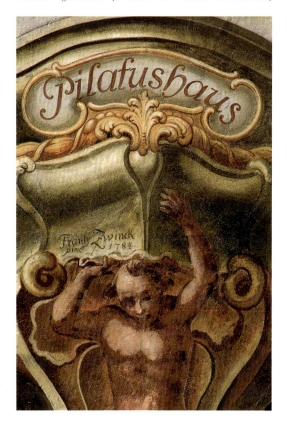

Die Traditionen am Ende? „Nein, Schnitzer wird es bei uns immer geben", prophezeit Florian Lang, „nur eben nicht mehr so viele". Einige seiner Kollegen suchen nach Auswegen aus der Misere. So wurde der traditionelle Oberammergauer Hampelmann – ein Soldat, bemalt auf beiden Seiten – neu erfunden: vorne Jäger, hinten Hirsch; Frosch mit Schwimmreifen, Mann im Mond. Und zieht man an der Schnur, schwupps, dann streckt die Braut auf den Armen des Bräutigams grazil ihr Knie. Stilvoll, witzig und modern. Das Modell läuft so gut, daß sogar eine asiatische Spielzeugfirma Gefallen daran fand und es nun – abgekupfert in Blech – zum Bedauern der Oberammergauer Schnitzer massenweise produziert.

Aber den alten Sepp Pongratz stört das nicht mehr. Ein bißchen vielleicht, daß es schlecht steht um die Schnitzerei; aber kaum, daß es so ruhig geworden ist, hier in der Werkstatt „Georg Lang selig Erben". Im Alter sei die Ruhe angenehmer. Da sitzt Pongratz an seinem Platz, genau in der Mitte der langen Werkbank, die Schnitzeisen von anno 1929 fein säuberlich vor sich ausgebreitet, ein Stück Lindenholz in der Hand – und schnitzt. „Weil ich mich nicht trennen will von der Arbeit mit dem Holz". Wenn sein „Herrgott" fertig ist, wird dieser einen ausgemergelten Körper haben, an dem jede Rippe zu sehen ist. Neben Sepp Pongratz hängt eine alte gerahmte Fotografie an der Wand. Wie damals geschnitzt wurde in der vollgestopften Werkstatt! So, daß die Späne flogen. „Naa, naa", sagt Pongratz dann leise, „ein bißchen Ruhe, das ist gar nicht einmal so schlecht..."

Julia Schlegel

Viel Geduld und Fingerspitzengefühl benötigt Tobias Haseidl für derart filigrane Motive.

Des Königs Schlösser

Von wirren Träumen eines traurigen Königs

Die Gralsburg Neuschwanstein

Das monotone Rauschen des kalten Regens und das rhythmische Aufbrausen der Wasserkaskaden begleiten mich auf dem steilen, glitschigen Anstieg durch die Pöllatschlucht. Mutterseelenallein stapfe ich an diesem frühen Aprilmorgen durch die wilde Klamm empor. Wenn ich den Blick hebe, sehe ich nur einen schmalen Ausschnitt des tiefgrauen Morgenhimmels, zu beiden Seiten bemooste steile Felswände und regennasse Fichten am Rande von Abbrüchen. Dann, der erste Blick auf das filigrane Eisenwerk der Marienbrücke über gähnender Tiefe. Wie oft mag Ludwig auf dieser Brücke gestanden und hinabgestarrt haben in den brodelnden Schlund? Melancholisch eingestimmt stehe ich schließlich im Vorhof der gigantischen Gralsburg Neuschwanstein, zusammen mit einigen wenigen Unentwegten, die in grauen Regenmänteln auf Einlaß warten. Nur zu solch unwirtlicher Stunde wird die ansonsten fast immer drangvolle Schloßführung zu einem wirklichen Erlebnis.

Doch wie kam es zu dieser Phantasmagorie aus Stein, ersonnen von einem einsamen König, der sogar sich selbst ein Rätsel bleiben wollte? Schon 1867, als

22jähriger, faßte Ludwig II. nach einem Besuch der Wartburg den Entschluß zum Bau einer Märchenburg von unerhörten Ausmaßen im neugotischen Stil. Der Fels über der Pöllatschlucht bot ideale Voraussetzungen für seinen romantischen Traum.

In einem Brief an Richard Wagner schreibt Ludwig: „Ich habe die Absicht, die alte Burgruine Hohenschwangau bei der Pöllatschlucht neu aufbauen zu lassen im echten Stil der alten deutschen Ritterburgen und muß Ihnen gestehen, daß ich mich sehr darauf freue dort dereinst zu hausen; mehrere Gastzimmer, von wo man eine herrliche Aussicht genießt auf den hehren Säuling, die Gebirge Tyrols und weithin in die Ebene, sollen wohnlich und anheimelnd dort eingerichtet werden."

1886 war die Burg, in welcher der König 100 Tage lebte, nach 19jähriger Bauzeit halbwegs fertig; von den 238 Räumen werden heute etwa 20 gezeigt. Wie alle Bauten Ludwigs II. ist Neuschwanstein eine „Flucht aus der schlechten Nähe in eine schöne Ferne, der Versuch, eine Welt zu versinnlichen, in die nur die Ahnung, die Sehnsucht, der Traum eindringen können..." (Werner Richter).

Der Sängersaal ist der Illusionsraum einer gedachten, idealen historischen Wirklichkeit; der Thronsaal ist die Steinwerdung eines als ewig geglaubten Königtums von Gottes Gnaden geworden. Besonders kennzeichnend für die Mentalität des Königs ist der Brief vom 10. Juli 1871 an Richard Wagner: „Ich will mich der verdammten Höllendämmerung, die mich beständig in ihren qualmenden Dunstkreis reißen will, entziehen, um selig zu sein in der Götterdämmerung der erhabenen Berges-Einsamkeit, fern von dem 'Tage', dem verhaßten Feind, fern von der Tages-Sonne sengendem Schein! Fern der profanen Alltagswelt, der heillosen Politik, die mit ihren Polypenarmen mich umschlingen will und jede Poesie so gern gänzlich ersticken möchte."

Der Wunsch, sich in der Bergwelt fernab vom Hofe seinen Träumereien hinzugeben, hat in Ludwigs Jugendjahren seine Wurzeln. Im Schwangau waren einst vier Schlösser gestanden. Die Burg Schwanstein, ehemals Stammsitz der Herren von Schwangau, war im Tiroler Krieg von 1809 schwer beschädigt worden und sollte zum Abbruch verkauft werden; von den drei übrigen Burgen waren nur noch Mauerreste übriggeblieben. Kronprinz Maximilian, der zukünftige Vater Ludwigs, sah auf einer Wanderung, die er mit seinem Bruder Otto, dem späteren König von Griechenland, unternommen hatte, erstmals diese romantische Burgruine. Allen habe er damals vorgeschwärmt, er werde sie kaufen und wieder aufbauen. 1832 war schließlich der Kauf besiegelt, die Bauarbeiten begannen 1833 und zogen sich bis 1855 hin. Seiner Gemahlin Marie von Preußen zeigte Maximilian die noch im Bau befindliche Burg zwei Wochen nach der Hochzeit. Sie war von dem zukünftigen Sommersitz sofort begeistert.

Jugendjahre in Hohenschwangau

So kam es, daß der junge Kronprinz Ludwig fast seine ganze Kindheit und Jugend auf Schloß Hohenschwangau verbrachte. Sein romantisches Gefühlsleben fand reiche Nahrung in den pathetischen Gemäldezyklen des Schlosses. Man kann sich gut vorstellen, wie der Prinz allein vor den überlebensgroßen Fresken der Nibelungenhelden stand, die ihm schon durch sein Bilderbuch vertraut waren: „Wie alte Bekannte begegnen sie ihm unter Helmen und Kronen, in Kettenhemden und wallenden Mänteln, die gepanzerten Hände am kreuzförmigen Schwertgriff, die Bärte lang, die Haltung würdig, die Augen nachdenklich und behutsam dem Beschauer zugewendet" (Richter). Aber auch wenn in der Münchner Residenz Hof gehalten wurde und der Knabe in den Thronsaal trat, war die Welt des Mittelalters gegenwärtig: Zwölf riesige vergoldete Standbilder der Wittelsbacher umstanden wie erzene Schildwachen den Thronsessel. Im neuen Festsaalbau erblickte er auf Wandgemälden Szenen aus den ritterlichen Balladen seines schon früh geliebten Dichterfürsten Schiller oder aus der ruhmreichen Geschichte der uralten väterlichen Dynastie. „So oft begegnete er allen diesen hohen ernsten Figuren, bis sie schließlich als eine Art zweite Wirklichkeit in das Leben des Kindes eingetreten waren" (Richter). So baute er sich in seiner glühenden Einbildungskraft schon in jungen Jahren seine Phantasien auf, voll hehrer weltferner Ideale. Auch als König blieb Ludwig in den Traumwelten seiner Kindheit verfangen. „In seinem innersten Seelenkern blieb Ludwig nichts anderes als der letzte bayrische Stammesherzog: ein lebendiger und, wenn man will, großartiger Anachronismus" (Richter).

Die Erinnerungen Ludwigs II. an die glücklichen, unbeschwerten Kindertage in Hohenschwangau gipfelten in abendlichen Lohengrin-Inszenierungen auf dem idyllischen Alpsee. In der Schloßchronik von Hohenschwangau heißt es darüber:

„Am 21. November abends fand prachtvolles Feuerwerk statt, von Herrn Penkmayr trefflich arrangiert. Nach dem Feuerwerk wurde die Szene der Ankunft des Schwanenritters aus Wagners Lohengrin auf dem Alpsee dargestellt. Ein großer, kunstreich nach der Natur gebildeter Schwan zog einen Kahn mit Lohengrin über den Alpsee; der Schwanenritter mit Kahn und Schwan war mittelst eines elektrischen Lichtes prachtvoll beleuchtet. Während dieses Vorgangs spielte die Musik die betreffenden Piècen aus

Ein Motiv für abertausende Touristen:
Schloß Neuschwanstein von der Marienbrücke

Lohengrin. Am nächstfolgenden Abende wurde diese Szene auf Allerhöchsten Befehl Seiner Majestät wiederholt."
Um Hohenschwangau in seiner ganzen Größe und märchenhaften Lage erfassen zu können, steige ich über die Marienbrücke ostwärts empor zum Tegelberg. Nur von wenigen Punkten der Alpen dürften sich solche Tiefblicke auf einen riesigen Schloßkomplex bieten wie von diesem steilen Felssporn hoch über der Pöllatschlucht; allein die Drachenflieger, die über den Bergen ihre Schleifen ziehen, sehen noch mehr. Ludwig wäre bestimmt nicht aus der Fassung geraten, wenn er sie über seiner Burg hätte kreisen sehen: Er hatte, so wird erzählt, den Wunsch geäußert, in einer Flugmaschine über den Alpsee zu fliegen! In der Wirklichkeit von 1869/70 war dieses Projekt allerdings nicht so utopisch und absurd, wie es bei flüchtigem Hinsehen scheinen mochte: Der Hofbühnen-Maschinenmeister Friedrich Carl Brandt sollte nämlich offensichtlich einen von Pfauen gezogenen Muschelwagen konstruieren, der, von einem Ballon getragen, über den Alpsee schweben konnte; etwa 90 Jahre nach dem Ballonflug der Brüder Montgolfier ein Wunsch, der technisch zu erfüllen gewesen wäre.

Im Schloßpark von Linderhof

„… hier ab geht der verborgene Pfad zum Märchen aus tausend und einer Nacht, zu der feenhaft mit allen Schätzen der Poesie und des Luxus ausgestatteten, aber unsicht- und unnahbaren Königseinsamkeit Linderhof. Nur ahnen können wir die Pracht, die da, Schneewittchen gleich, hinter der Bergschranke verschlossen träumt." So schreibt Friedrich Lampert (1829–1901) von jener Stelle in der „wildschönen Einsamkeit des Ammerwaldes", wo heute auf dem riesigen Parkplatz Tausende von Besuchern ihren Autos und Bussen entsteigen.

Natürlich blieb Linderhof zu Ludwigs Zeiten strengstens von der Öffentlichkeit abgeschirmt. Rastlos arbeitete der König an den verschiedenartigsten „Schauplätzen" seines träumerischen Lebens, der verhaßten, banalen Alltagswirklichkeit immer mehr entrückt. Die Phantasiewelten, die sein Leben bis zu seinem Tode durchdrangen und zunehmend bestimmten, beschränkten sich durchaus nicht auf die „altgermanische" Szenerie Richard Wagners: Wechselweise begeisterten ihn Kaiser Karl V., Philipp II. von Spanien, Ludwig XIV., der Prunk des Orients, das chinesische Hofzeremoniell und Schillers Wilhelm Tell. Drei große Themenkreise prägten sein Weltbild und den Stil seiner Bauten und Inszenierungen, für die ein Gelehrter die Symbole „Gral, Sonne und Mond" gewählt hat: Dem Symbol des Grals entspricht die „mittelalterliche" Burg Neuschwanstein. Im Zeichen der Sonne – des „Sonnenkönigs" Ludwig XIV. – kann man die Bauten im Stil des Spätbarock und Rokoko sehen, also die Schlösser Herrenchiemsee und Linderhof. Dem Zeichen des Mondes entsprechen die kleineren Bauten im orientalischen Stil.

Schloß Linderhof war als königliche Villa gedacht und wurde 1878 vollendet. Hier spiegelt sich in Stil und Bildprogramm Leben und Kunst am Hofe der Bourbonen wider, die Ludwig als Verkörperung prachtliebender absolutistischer Herrscher besonders verehrte. Der König hat sich pedantisch um alle Einzelheiten des Baus gekümmert und zum Entsetzen seiner Architekten und Künstler immer wieder Änderungen angeordnet. Mitten in der Bauzeit befahl er 1872, eine Außenfassade im „Rococostyle" zu entwerfen.

Für das Schloß ist eine barocke Kunstlandschaft geschaffen worden: „Gleich den südlichen und westlichen Gartenanlagen sind auch die östlichen von mythologischen Statuen bevölkert. Eine lebendige Neptungruppe empfängt ihr Wasser von den Treppenkaskaden, und kreuz und quer senden Tritonen und Rosse aus Nüstern und Muscheln glit-

Verspielte Träumereien realisierte König Ludwig mit Schloß Linderhof.

zernde Wasserbögen in die Luft. Als immer wiederkehrende Strukturtypen erblickt man ferner im Garten Amor und Psyche. Bisweilen sehnte sich Ludwig II. nach einer realistischen, lebendigen Szenerie: dann ließ er seine Reit-, Wagen-, Berg- und Lastpferde auf einer großen eingezäunten Wiese frei sich herumtummeln, und hatte seine Freude an den zwanglosen Bewegungen der Schimmel, Rappen und Braunen, an dem Stampfen der Hufe, an dem Gewieher und an dem Springen und Saufen." So erzählt Luise von Kobell, die mit einem der Sekretäre des Königs verheiratet war.

Viele Zeitgenossen haben den phantasiegeschwängerten geistigen Horizont Ludwigs nicht begriffen, wie auch der Volksschriftsteller Heinrich Hansjakob (1837–1916), der ein recht mürrisches Urteil über Linderhof abgibt: „Was außerhalb des Schlosses zu sehen ist: das maurische Haus, das auf der Ausstellung in Paris im Jahre 1867 so viel Aufsehen machte und aus der „Gantmasse" (Konkursmasse) des bekannten Eisenbahnbau-Unternehmers Strousberg in die Hände des Königs gekommen ist – die blaue Grotte mit dem See, dem Wasserfall, dem Schwanenkahn, dem Tannhäuserbild, der Loreley – die Gartenanlage mit den vielen Statuen, den Terrassenanstiegen mit den Rundtempelchen und der Venusstatue – hat mir kein besonderes Interesse abgewonnen. Höchstens habe ich in dem maurischen Kiosk die emaillierten Bronzepfauen als ein eigentümliches Kunstwerk angestaunt ...".

Hören wir nun das Urteil des besten Kenners der Kunst Ludwigs II., Prof.

Michael Petzet: „Trotz der verschiedenen, vom König vorgeschriebenen Vorlagen ist jedoch Linderhof eine genauso unverwechselbare Schöpfung des Historismus geworden wie etwa das romantische Neuschwanstein. Was hier geplant und in bester handwerklicher Ausführung verwirklicht wird, ist das durchaus eigenständige, nicht verwechselbare Rokoko Ludwigs II., das seine Herkunft aus dem in der Volkskunst bis ins 19. Jahrhundert weiterlebenden bayrischen Spätrokoko nicht verleugnet, doch seine verschiedenen Vorläufer in unerschöpflicher Phantastik übersteigert."

Maurischer Kiosk und Venusgrotte lassen die Stimmung nacherleben, die der König in diesen Illusionsräumen suchte und die Mittel bestaunen, die er einsetzen ließ. Für seinen Maurischen Kiosk ließ der König auf Ausstellungen und bei Händlern im In- und Ausland Stoffe aus Algerien und Tunesien, persische Teppiche, orientalische Lampen und andere Kostbarkeiten erwerben. Und obwohl er ihn samt seiner Einrichtung gekauft hatte, wurde er sogleich neu ausgestattet: als Mittelpunkt ein neuer Marmorbrunnen; farbige Fenster aus der Münchner Hof-Glasanstalt, die nachts von außen illuminiert wurden; dazu Laternen im maurischen Stil aus vergoldetem Eisenblech und Pfauenwedel vom Hoftapezierer. Das Hauptstück der Ausstattung aber war der Pfauenthron mit drei Pfauen in emailliertem Bronzeguß.

Die zunächst für Neuschwanstein geplante Venusgrotte mit dem Gemälde „Tannhäuser im Venusberg" vereinigt in ihren verschiedenen Ansichten bei wechselnder Beleuchtung die Grotte des Hörselberges aus der Oper Tannhäuser (I. Aufzug, 1. Szene) mit der Blauen Grotte von Capri.

Aus den Räumen des Schlosses ergeben sich ganz bestimmte Blickbeziehungen, so in der Achse des Paradebettes, in dem sich der „bayrische Sonnenkönig" zur Ruhe begibt: Das Auge wird auf die ursprünglich aus weiß-blauen Blumenrabatten gebildete bourbonische Lilie und die aus 30 Marmorstufen bestehende Kaskade hingelenkt, die sich in das Bassin mit der vom Versailler Vorbild angeregten Neptungruppe ergießt. Der erste Spaziergang des einsamen Königs nach dem Aufstehen führte zu der südlichen Terrassenanlage, wo er die Büste der von ihm tief verehrten Königin Marie Antoinette begrüßte und den Rundtempel mit der Venusfigur besuchte.

Der Park „... geht von der strengen Stilisierung im Achsenkreuz des Schlosses über einen ausgedehnten Landschaftsgarten in die Bergwälder über. Gleich einem reich ausgestatteten Landschaftsgarten des 18. Jahrhunderts erscheinen Linderhof und Neuschwanstein als Hauptstützpunkte in dem riesigen Naturpark des Königs, der mit verschiedenen ... Anlagen von Garmisch über den Plansee und Füssen ... reicht" (Petzet).

Das Graswangtal, in dem das Schloß liegt, war ein Schauplatz der geheimnisumwitterten nächtlichen Schlittenfahrten des Königs. Eine Fahrt Ludwigs in dem 1872 vom Hofwagenfabrikanten vollendeten Schlitten von Schloß Neuschwanstein über den Schützensteig nach Linderhof wurde um 1880 gemalt: In der nächtlichen Schneelandschaft tragen goldene Putten die dank einer elektrischen Batterie in magischem Glanz erstrahlende Krone über dem König, der auch bei stundenlangen Ausfahrten die Kälte nicht zu spüren schien.

Viele Menschen können sich heute im Ammergau zumindest ein wenig in die Gedankenwelt König Ludwigs II. hineinleben. Viele Stunden habe ich selbst an allen diesen Orten verträumt – und diese „nutzlosen" Stunden sind mir mehr wert geworden als manches sogenannte Erfolgserlebnis. Wer immer aber das Glück hat, einen dieser Orte zu stiller Stunde zu erleben, denke an die Worte des irischen Dichters W. B. Yeats: „Geh leise, denn du gehst auf meinen Träumen."

Paul Werner

Schloß Linderhof: ganz oben thront Atlas.

*Ein Herbstmorgen auf Schloß Linderhof, noch herrscht Ruhe im Park,
noch spiegelt sich das Schloß im unbewegten Wasser.*

Fels und Wald

Von neuen Routen und gefällten Bäumen

Am Stand hängend, befreie ich mich sofort von den neuen „Five Ten"-Kletterschuhen. Die Zehen schmerzen unerträglich, doch wären die Füße nicht derart eingepfercht gewesen, ich hätte die Schlüsselseillänge nicht frei zu durchklettern vermocht: eine Folge von ungewöhnlich abdrängenden Kletterbewegungen, immer an der Haftgrenze, die

Finger, die nicht nur den heimischen Fels, sondern auch den Wald kennen. Marcus Lutz am Geiselstein.

Fingerkuppen in winzige Runsen verkrallt. Die vorangegangenen Versuche haben mich so ausgelaugt, daß ich jetzt sogar Mühe habe, das Seil einzuziehen! Die Blicke lösen sich aus dem grauen, abweisend glatten Kalk der kompakten Wand: Tief unter mir liegt der Kahlschlag des Gumpenwäldchens…

Mit lautem Geknatter reagiert meine Motorsäge auf die ersten „Gasstöße" am frühen Morgen. Die Dämpfe des Benzin-Öl-Gemischs dringen mir in die Nase, erinnern an die Warnungen über krebserregende Substanzen im Benzol. Wieder einmal ein kurzes Sinnieren, den Widerspruch zwischen der Arbeit in freier Natur und dem Ausgesetztsein an schädliche Abgase betreffend.

Doch dazu ist jetzt keine Zeit: der erste Fällkeil wird ausgeschnitten, und das Ende eines weiteren einst stolzen Baumriesen naht. Aber was heißt hier Baumriese! Es handelt sich um ein im wahrsten Sinne des Wortes entblättertes, bizarr gen Himmel ragendes Stück Holz. Oben, im Kronenbereich, befindet sich kaum noch Rinde am Stamm; unten ist es ein leichtes, die einstige Lebensader des Baumes mit bloßen Händen abzuziehen.

Späne spritzen selbst durch den Gitterschutz des Helms, die Säge zieht schwer. Ihre Schwertlänge reicht kaum aus, um diesen „Laggl" (so nennt man bei uns einen großen Stamm) von beiden Seiten her einzuschneiden. Beim Eintreiben eines Eisenkeils fallen Tausende von Nadeln auf uns herab, und der mächtige Stamm federt im Takt mit

◀ *Nur für einen kurzen Moment verharrten die beiden Gemsen am Schartenkopf.*

den wuchtigen Hieben. Wohlüberlegt muß dann weitergeschnitten werden, soll der Stamm doch nicht irgendwohin fallen, sondern so zwischen den großen Felsblöcken zu liegen kommen, daß er nicht von diesen „abgeschlagen" wird. Wind macht uns zu schaffen, Gegenwind zur Fällrichtung. Wenn wir jetzt noch weiter einschneiden, kippt er uns nach hinten weg! Also weiter aufkeilen, seitlich noch eine weiterer Keil... Ganz langsam neigt sich der Stamm, Zentimeter um Zentimeter, unter den harten Schlägen der Fällaxt. Dann kommt er! Schnell einige Meter nach hinten – leichter gesagt als getan in diesem Gewirr herumliegender Äste und gefällter Bäume – schon neigt sich der Stamm mit herzbewegendem Ächzen und Knacken langsam „über den Stock", fällt und schlägt mit lautem Krachen zwischen die Felsen. Wieder waren über 200 Jahre Naturgeschichte nur mehr ein Fall für die Motorsäge. Auf dem Stamm balancierend und sich über alles andere als ungefährliche Abgründe zwischen den Felsen mogelnd, wird die Baumleiche entastet und „abgelängt" (in gleiche Längen zerschnitten) – immer in der Gefahr, mit einem Abschnitt herunterzufallen oder die Säge einzuklemmen.

Bei der Brotzeit schweift mein Blick ab von dem wilden Durcheinander ineinandergefällter Bäume. Droben prangt die Jägerwand des Kenzenkopfs, deren rechter Teil unheimlich kompakt und abweisend herschaut. Vor Jahren konnte ich dort eine Rißreihe erstbegehen – nur mit Klemmkeilen als Zwischensicherung! Bin ich vorher doch fast sechs Wochen im Yosemite-Valley in Kalifornien gewesen, dem damaligen Mekka des Freikletterns, dessen ebenmäßige Granitrisse mein Vertrauen in Klemmkeile aller Größen ins schier Unermeßliche gesteigert hatten.

Meine Gedanken schweifen zurück zur Schlüsselstelle der Route, einem überhängenden Riß mit abschließendem Dach. Damals gab es schon die ersten, „Friends" genannten, Sicherungsgeräte – von deren beiden Spreizsegmenten in diesem Riß aber immer nur eines klemmen wollte! Ein Sturz wäre mit Sicherheit fatal gewesen, und wie froh war ich, als ich endlich meine Fäuste über dem weit vorkragenden Dach verklemmen konnte.

Aber das ist lange her, und die Augen wandern weiter nach links, folgen einer schräg nach oben führenden Rampe, die sich unter kleinen Dächern verliert. Hier müßte es schwierig werden. Immer wieder verharre ich an dieser Passage, suche nach Möglichkeiten, gebe der Phantasie Spielraum zur Kreativität. Bald schon möchte ich dort oben meine Vorstellungen in die Tat umsetzen. Aber mein Arbeitgeber auf Zeit, der unermüdliche Streif Sepp, betankt schon seine Motorsäge und rät mir, dasselbe zu tun.

„Ja, wia soll des gau?" Hektisch umhersuchende Hände verraten das vergebliche Bemühen meines Begleiters, es mir gleichzutun und die Schlüsselstelle frei zu erklettern. Inzwischen bin ich wieder zu Atem gekommen, und während ich seine Bewegungen beobachte, frage ich mich, ob die Seillänge nun als Schwierigkeitsgrad IX oder IX+ einzustufen ist. Eigentlich ist das eine Marginalie. Ist es doch für den weniger bedarften Kletterer vollkommen unerheblich, ob das für ihn Unmögliche mit oder ohne plus in einem für ihn ohnehin nicht nachvollziehbaren Skalenbereich eingereiht wird. Als mir das bewußt wird, lasse ich von meinen Schwierigkeitsgrad-Berechnungen ab und versuche, meinem Gefährten ein paar nützliche Tips zu geben. Mit Hilfe von Seilzug und der vorhandenen Bohrhaken gewinnt er schließlich den ungleichen Kampf auf seine Weise. Ich bin froh, daß er endlich neben mir steht – froh, überhaupt einen Begleiter gefunden zu haben! Denn es ist heutzutage nicht so einfach, für Sportkletterrouten im Gebirge einen Partner zu finden. Ist es doch Mode geworden, sich lieber in sonnigen Klettergärten zu vergnügen, als sich auf das ernstere Spiel in einer schattigen Nordwand einzulassen.

Mir ist das Alpinklettern aber lieb geblieben, zumal die Wände rund um den Wankerfleck meine ureigenste Bergheimat sind. Hier bin ich schon als Dreikäsehoch mit ängstlich staunenden Augen gestanden – nicht ahnend, einmal derjenige zu sein, der so viele der abweisenden Felsmauern als erster aus der Nähe erleben würde. Überhaupt, Neuland: Für mich gibt es nichts Aufregenderes als das Erschließen neuer Linien in abweisendem Fels. Hier ist wirklich noch ein Stück Abenteuer verborgen, hier werden Urinstinkte wieder zum Leben erweckt, die der Büroalltag nur allzuoft schon beinahe ausgelöscht hat. In der Phase des Suchens und Entdeckens erblüht die Phantasie, macht hier eine Linie aus, dort einen Riß ... Dann reift der Entschluß; manchmal schnell, manchmal etwas zögernd. Aber sobald die ersten Meter zu neuen Ufern geklettert werden, stehen Geist und Körper unter Hochspannung: Was vorher das Auge oder ein Fernglas nur erahnen ließ, wird nunmehr Realität, wird umgesetzt in Aktion – und allzuoft entpuppt sich eine leichter eingeschätzte Passage als die Schlüsselstelle, während die erwarteten „Sorgenkinder" oft überraschend elegant erklettert werden können. Zugegeben, es ist für mich etwas Besonderes, der Erste zu sein. Hier finden meine Kombinationsfähigkeiten ihren unmittelbaren Niederschlag, während man als Wiederholer im Grunde genommen nur etwas Bekanntes und Einschätzbares nachvollzieht. Das Wegklettern von der letzten Sicherung hat bei Erstbegehungen seinen besonderen Reiz, die innere Anspannung ist besonders intensiv: Gilt es doch, in völlig unbekanntes Gelände mit gelegentlich unangenehmen Überraschungen vorzuklettern und die nächste Sicherung dort selbst anzubringen!

Etwas ungelenk sind meine ersten Bewegungen über dem Stand, doch schon bald fließen die Kletterstellungen wieder geschmeidig ineinander. Ich bin hoch motiviert; was auch vonnöten ist, da die Route nun erst richtig steil zu werden beginnt. Der rauhe, wasserzerfressene Kalk ist im wahrsten Sinne von „bestechender" Kompaktheit. Was für ein Fels!

Und das inmitten der Ammergauer, die während meiner Kindheit noch als Kletter-Diaspora gehandelt wurden. Mag sein, daß meine und Jürgen Geigers Aktivitäten hier mitgeholfen haben, das Bild etwas zurechtzurücken. Denn es gibt neben dem schon damals bekann-

ten Geiselstein noch viele Massive mit lohnenden Routen. Und es existieren immer noch einige attraktive Wände für den Neulandsucher! Da wünsche ich mir oft mein jetziges Gehalt zusammen mit genausoviel Freizeit wie in früheren Tagen. Aber nach 20 Jahren Extremklettern ist es vielleicht an der Zeit, etwas kürzer zu treten, zumindest was die Zahl der Erstbegehungen anbelangt …

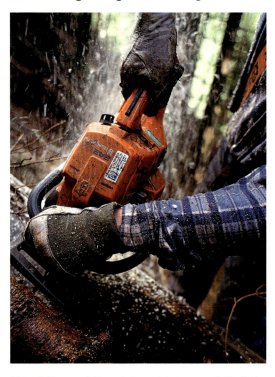

Die Mittagshitze ist schier unerträglich, die Sägespäne und einiges Kleingetier jucken ordentlich. Seit Wochen schon verbringe ich meine Freizeit damit, beim Holzfällen meine spärlichen Finanzen aufzubessern und meine Geschicklichkeit im Umgang mit der Motorsäge zu perfektionieren. Der Borkenkäfer hat genügend Arbeit beschert und – was viel schlimmer ist – denkt gar nicht daran, den Prognosen einiger Ministerialforstbeamter Folge zu leisten und periodisch wieder zu verschwinden. Eigentlich ist unsere Arbeit gänzlich aussichtslos, weil wir immer erst einen Baum fällen, wenn er schon erkennbar geschädigt ist. Aber die Holzwarte bringen es nicht übers Herz, „griane Baam" – also noch grüne, gesunde Stämme – in den Randbereichen von „Käfernestern" zum Fällen freizugeben, über die die Käferscharen als nächstes herfallen werden. So breitet sich das Baumsterben aus wie ein Geschwür und frißt ansehnliche Löcher in einst wunderschöne Wälder.

Mit solchen Gedanken überspiele ich meinen Hunger, den manchmal schwer erträglichen Durst und die mit dem fortschreitenden Tag schleichend zunehmende Müdigkeit. Wir sind inzwischen gut aufeinander eingespielt, so daß wir manchmal fast 10 Stunden reine Arbeitszeit „akkordeln". Ich kann mich nicht erinnern, jemals in meinem Leben härter gearbeitet zu haben. Meine Kondition wird immer besser, mein Gewicht immer geringer – und mein Respekt vor der Energie des Streif Sepp immer größer. Solche Leute wie er sind es, die dem kranken Wald der Ammergauer Alpen insofern beistehen, als sie die zahllosen Baumleichen aufarbeiten und somit Raum für neuen Bewuchs schaffen. Aber es wären derzeit viel mehr Streif Sepps nötig – und nicht nur die: Eine zu hohe Wilddichte und sich ausbreitende Erosionsflächen behindern das Hochkommen junger Bäume arg.

Vor lauter Holzfällen gelang mir in diesem Sommer nur eine Neutour, sinnigerweise mit dem Namen „Freizeit". Auch sie entsprang dem ständigen Schauen und Suchen während kurzer Verschnaufpausen beim Holzfällen im Gumpenwald. An der Ostwand meines Hausberges, des Geiselsteins, konnte ich diese Führe an einem Tag erstbegehen. Hier war die Felsstruktur mir gnädig: Immer fand sich ein Durchschlupf in den Überhängen und glatten Platten. Und dank der Akkubohrmaschine war das Anbringen der Zwischensicherungen längst nicht so kraft- und zeitraubend wie in früheren Tagen …

Wieder bin ich zurück im Jetzt und Hier, unter der letzten Seillänge der Route „Zu neuen Ufern" am Kenzenkopf. Noch einmal muß ich alle Kraft mobilisieren, um die insgesamt sechs Meter überhängende Wand frei zu durchklettern. Das Setzen der Haken aus dem „Cliffhanger" heraus – immer das Knirschen der punktbelasteten Fels-Leistchen im Ohr – ist mir noch in lebhafter Erinnerung, als ich die letzten, leichteren Meter zum Ausstieg emporsteige. Ich bin nicht wenig froh, mich nun endgültig von den engen „Reibungspatschen" befreien zu können. Erschöpft lasse ich mich im Gras nieder, an zwei soliden, in den Fels gebohrten Haken fixiert. Mit müden Armen hole ich das Seil ein und krächze ein eher schlaffes „Nachkommen" hinunter, das auch meinen Begleiter der Sonne hier oben näherbringt.

Die Kälber am Wankerfleck weiden indessen ungerührt, so wie sie es seit Urzeiten tun. Das Geläute ihrer Glocken begleitet mich im Kenzengebiet seit meinen Kletteranfängen. Ab und zu wird es vom Röhren der Motorsägen unterbrochen: Drüben am Rahmenstein, dem nördlichen Vorberg des Geiselsteins, ist der Streif Sepp wieder am Werkeln. Das Waldsterben hat auch in den letzten Jahren nicht an Rasanz eingebüßt. So wie in meinem Dasein der Weg zu neuen Ufern stattgefunden hat, stetig stattfindet, so hat sich auch das Gesicht der Ammergauer Berge verändert. Was vor vielen Jahren noch ein intakter, von Farnen durchwachsener Bergwald war, ist heute stellenweise eine kahle Trümmerwüste. Doch zwischen den zahllosen Baumstrünken und Ästen der gefällten Riesen sprießt schon wieder neuer Wildwuchs hervor. Er gibt mir die Hoffnung, daß sich mit der Zeit wieder ein neuer Bergwald entwickeln wird...

Jäh rüttelt mich das „Berg Heil" des Gefährten aus meiner Gedankenwelt. Barfüßig steigen wir hinab zum Einstieg. Wie gut das den gequälten Füßen tut! Mücken und Fliegen sirren und summen, der Tag hat noch Kraft. Die Sonne leuchtet schräg in „unsere" Wand: ein wunderschöner Anblick, der uns alle Mühen vergessen läßt. Da entdecken meine Augen in den vom Abendlicht herausmodellierten Konturen eine neue Linie, die wieder ein Stück meines Weges zu anderen Ufern werden könnte...
In Gedanken schon in der ersonnenen Route, nehme ich den Abstieg in den Alltag in Angriff.

Marcus Lutz

Über Jahrzehnte hinweg entwickelte sich der Geiselstein zum Kletterzentrum der Ammergauer, nicht zuletzt durch das Engagement von Neulandsuchern wie Marcus Lutz.

In den Fußstapfen des Vaters: Hans Pest beim Schepsen einer Fichte

Harter Alltag im Linderwald: seit nunmehr 39 Jahren arbeitet Pius Pest aus Graswang im Ammergauer Forst.

Ortsansässige Bauern, wie Korbinian Daisenberger aus Graswang, helfen den Forstämtern, die Setzlinge umweltverträglich mit Pferden in die Hochlagen zu transportieren.

Bedrohliche Wolken einer abziehenden Schlechtwetterfront hängen zwischen Vorderscheinberg und Hochplatte.

Schroff und unzugänglich zeigen sich die schattigen Nordflanken von Frieder und Friederspitz dem Betrachter vom Kuchelberg. Alles überragend einmal mehr das Zugspitzmassiv.

Wandern ohne Grenzen

Von Aussichtsgipfeln und langen Kämmen

Eine besondere Tour auf einsamem Steig: Der Hohe Ziegspitz

Führerstreß! Vom sicheren Weg sind wir 'runter, um zu so einem miesen, auf der Karte schwarz eingezeichneten Forstweg abzukürzen. Der scheint aber nicht mehr zu existieren, und rechts versperren die Abbrüche der Kammerleinen-Klamm jede Querungsmöglichkeit. Mit erfahrungsgeschultem Mißtrauen steige ich weiter ab – bis auch vor mir der Hang wegbricht! Und das kurz überm Talboden ... Es ist eine verdammt steile Wiese, die hier über dem Grund hängt, sozusagen als Mahnung an zu unternehmungsfreudige „Wildgeher" wie mich. Hin und her schaue und überlege ich. Schließlich hab' ich ja für zwei zu sorgen: eine glücklich erwartende Mutter und ihr im Bauch strampelndes Kind. Als sie nebst Hund aufgeschlossen hat, beginnen wir eine etwas prekäre Querung – und stoßen auf ein verstecktes Pfaderl! Erleichtert, endlich auf dem ebenen Boden des Loisachtals stehend, atme ich auf. Ihr aber hat es gar nichts ausgemacht ...

Auf halbem Weg zwischen Garmisch und Griesen ragt im Schatten des Allerweltsgipfels des Kramer vor den Zweitausendern des Kreuzspitzmassivs ein rauher Kamm aus dem steilen Bergwald auf: Der Grießberg mit dem „nur" 1864 m messenden, kaum begangenen Hohen Ziegspitz.

Der auf der Karte gepunktete Weg entpuppt sich als schmaler Streifen im hohen, hellgrünen Gras zwischen den weit stehenden, braunrötlichen Stämmen eines lichten Kiefernwalds. Es ist früh und warm. Ruhig aufsteigend, verfallen wir in einen gleichmäßigen Gehrhythmus, atmen tief, schwitzen leicht ... Knotige Wurzeln, in dunkle Bergerde gekrallt, unter den Füßen, blauer Himmel hinter Nadelbüscheln über unseren Köpfen ... Ein Schwarzspecht ruft sein grelles „I-eeh" in die helle Stille, eine Hummel brummt auf der Suche nach zierlichen weißen Graslilien-Blüten vorbei ... Ab und zu bleiben wir stehen, betrachten eine farbige Blume, bewundern den einsamen Obelisken des Daniel in der Ferne ...

Fast hätten wir die Abzweigung verpaßt. Unter einem langgestreckten Felsriegel falten wir die Karte auseinander – kein Zweifel: hier geht's hoch, irgendwo zwischen den rauhen grauen Kalkwänden. Nach einer Querung landen wir bald bei einem niedlichen Hütterl, mit dessen Besitzer wir allzugerne tauschen würden. Der Gipfel des Ziegspitz erscheint in greifbarer Nähe, doch hat man hier erst die Hälfte des Wegs hinter sich – vor allem, wenn man nicht auf ihn achtet und sich dann auf einem „Abkürzer" durch die Latschen rauft. Plötzlich spurtet Bagheera, die bergtaugliche Doggen-Boxer-Mischung, laut bellend los – um festzustellen, daß brüchiges Schrofengelände doch nicht das ideale Jagdrevier für sie ist: Die Gemsen schauen lachend zu …

Unser schrofiger Latschengrat zieht sich in die Länge. Nach einer Weile Vorausgehens, setze ich mich auf einem Vorbuckel des Ziegspitz in den Schneidersitz, genieße die Aussicht auf den Skianstieg zum Friederspitz und den Kessel des Schellschlicht, lasse den Blick entlang der schroffen Felswände der Nordwestwand des Grießbergkamms hinabfallen, freue mich über die Ruhe, das Streicheln eines „Lüfterls"… „A' – da bist du ja." Gemeinsam gehen wir weiter Richtung Gipfel, sie inzwischen doch etwas erschöpft unter der doppelten Last von Rucksack und „Sechstmonatskind".

Einträchtig unter diesig-blauem Sommerhimmel nebeneinanderhockend und Brotzeit futternd, schauen wir die uns umgebende Bergwelt an. Vor unserer Nase versperren die in dem Klotz der

Ein internationaler Wegweiser an der Tuftlalm am Daniel

Zugspitze kulminierenden Wände des Riffelkamms den Blick nach Süden, fern aus dem Osten schaut das von Wolken verhangene Karwendel herüber, im Westen flimmern die Schrofen der Kreuzspitzgruppe im Mittagslicht – und im Norden kitzelt ein unscheinbarer Wiesenbuckel neben den Latschenhängen des Kramerspitz vorwitzig den Himmel, der auf der Karte als dritthöchster Berg der Kramergruppe eingezeichnet ist: der 1935 m hohe Hirschbühel.

Vorbei an einigen Sträußchen von Alpen-Troddelblumen, die wir kurzerhand in „Fransenhütchen" umbenennen, schlendern wir in guter Laune durch ein weites, sumpfiges Hochtal zur Stepbergalm, einer Touristendrehscheibe am überlaufenen Kramer. Schnell weg hier, runter! Nach unserem kleinen Abstiegsabenteuer sind wir in der Nachmittagshitze auf den Eisenschwellen der Bahnlinie Garmisch - Ehrwald in entspannter Müdigkeit zurück zum Auto gegangen. Dort empfingen uns wieder die „Segnungen" der Zivilisation: mit einem Anschnauzer, weil wir auf den Schienen gegangen sind (ignoriert), und einem „Knöllchen" unterm Scheibenwischer, weil wir nicht direkt an der Straße geparkt hatten (wurde geteilt).

Vorm Regen auf 'nen Vorberg: Das Hörnle

Geburtstagsbedingt erst um 4 Uhr morgens ins Bett gekommen, bin ich vier Stunden später wieder bei „durchwachsenem" Pfingstwetter aufgewacht. Bis mittags soll's noch halten. Also entweder zuhaus' „herumsandeln" oder sich vor der nächsten Regenphase dieses durchnäßten Frühsommers noch mal kräftig austoben.

Ich werfe zweifelnde Blicke in den wolkenverhangenen Himmel. Rechts unten liegt der randvolle, von hellgrünem Laubwald umsäumte Staffelsee. Links oben, unter einer (noch) etwas lichteren Wolkendecke, ist die markante, trichterförmig eingerissene Erosionsfläche in der Nordostflanke der dunkel bewaldeten Hörnlegruppe, meinem etwas verspätet auserkorenen Halbtages-Vorregenziel. Bad Kohlgrub kündet sich mit einem pittoresken Flickenteppich aus hochstehenden Wiesen zwischen hell-dunkel gemischten Laubhainen an. Überall sprießt strotzendes Grün. Am anderen Ende des kleinen Kurortes das ersehnte Schild zur Hörnlebahn, von der es nur noch einen Katzensprung zum Parkplatz ist.

Über die langsam steiler werdenden Wiesenhänge der winterlichen Familienabfahrt geht es bergwärts. Mit jeder Windung des hell geschotterten Bandes verschwinden die roten Ziegeldächer des Ortes mehr in den grünen Wellen des Ammergauer Vorlands.

Oben ziehen graue Nebelschwaden durch dunkelgrünen Fichtentann. Ich aber wandere über das regenfrische, helle Rasengrün des Almrückens zwischendurch zum 1548 m hohen Hinteren Hörnle. „Aussicht keine" (nach Heinrich Heine). Dafür begrüße ich erfreut am Gipfelaufschwung einen dichten Buschen Frühlingsenzian, der hierzulande „Schusternagerl" genannt wird. An Sträußchen weißer Buschwindröschen vorbei führt ein Wiesenpfädchen Aufschwung für Aufschwung himmelwärts – bis überraschend das hölzerne Gipfelkreuz aus dem aufgekommenen Nebel vor mir auftaucht.

Da es immer noch nicht regnet, und ich „Rennkuckuck" nicht ganz ausgelastet bin, beschließe ich, auf dem Rückweg die beiden kleineren Hörnle in einer Art Mini-„Enchainement" (Aneinanderreihung mehrerer extremer Touren innerhalb eines Tages) mitzunehmen. Kaum wieder auf dem Weitwanderweg Lindau - Berchtesgaden gelandet, beginnt es zu regnen. Aber nicht etwa ein gescheiter „Schnürlregen", sondern nur ein ganz unbayrisches Nieseln. Das bereits vorm Gipfelanstieg getroffene Ehepaar nestelt, einige 100 Meter weitergekommen, an seiner Regenkleidung 'rum. Dafür hat sich ein Pärchen oberhalb einer urigen kleinen Almhütte auf dem Mittleren Hörnle bequem eingerichtet: In bunte Biwaksäcke eingemummelt liegen sie unter ihren Regenschirmen in aller Ruhe am Hang. Offensichtlich erfahrene Bergsteiger.

Die von außen wenig ansehnliche, an die Bergstation der Seilbahn geklebte Hörnlehütte erweist sich von innen als ein äußerst gastlicher Ort: Ein heller Raum mit einem Hörnle-Fries neben der Theke lädt zum „Auswittern" ein.

Den steilen Winterweg hinunter sehe ich, geleitet von den zitronengelben Eisbällchen-Blüten der Trollblumen, weit hinaus ins Ammergauerische. Kaum wird der

Schusternagerl (Frühlingsenzian) am Laber

„Kniemörder" flacher, begrüßen mich bunte, ungemähte Sommerwiesen vor hellem Laubwald mit dem weißen Doldenrausch einer Mehlbeere mittendrin... Staunend, Eindrücke aufsaugend schwebe ich an einer Heumiete vorbei durch diese Pracht – bis der scharfe Geruch von Bärlauch und das blecherne Tönen der Kuhglocken mich brutal in die Wirklichkeit zurückreißen.

Die da heißt: Autofahren, Naturzerstörung, Brötchen verdienen...

Gratwandern zwischen Orchideen und Gipfeln: Der Kuchelberg

Die Schotterstraße zieht sich, und es ist kühl an diesem Hochsommermorgen im flachen Tal des rauschenden Elmaubachs. Nie wieder ohne Rad – das schwör' ich mir!

*Andererseits ... Würde ich dann nicht
die vielen Blaubeersträucher auf
langsam verrottenden Baumstümpfen
übersehen?
die schwertscharfen Sonnenstrahlen
zwischen den dunklen Stämmen des
Hochwalds verachten?
das Surren sich aufwärmender
Schwebfliegen und weniger erfreulicher
Insekten überhören?*

*Und ... Hätte ich dann Muße,
die schrofige Nordwand des Frieder in
ihrem ersten und letzten Licht zu
bewundern?
mich von den dunklen, abweisenden
Westabstürzen des Kienjochs so tief
beeindrucken zu lassen?*

An einer riesigen Wildfütterungsstelle muß ich verwirrt auf die Karte schauen – kein Zweifel: Das schmale, verwachsene Pfädchen dort ist der fett in die Karte gedruckte, vordere Weg hoch zum Kuchelbergkamm. Etwas oberhalb, wo der Steig zum Pfad wird, läßt sich eindrucksvoll der Effekt des fütterungsbedingten Wildverbisses bewundern: Ein Gehege steht voller Laubbäume, Büsche und Stauden, einem Dickicht, das nur mit der Machete zu begehen wäre. Daneben – kahle Wiese unter weit auseinanderstehenden Bäumen. Einen Vorteil hat der Wildüberschuß aber doch: Er schafft eine lichte Parklandschaft, in der seltene Orchideen blühen... wie die rot-braune Sumpfwurz, die Wohlriechende Händelwurz, der auffallende Weißzüngel, einige Schwarze Kohlröschen und natürlich Va-

Mehlprimel an der kleinen Ammerquelle

rianten des ubiquitären Knabenkrauts. Leider wird mir der Genuß dieser seltenen Blumenkonstellation etwas vergällt durch eine wahre Bremsen- und Zeckenplage. Also: wer hier nicht mit langen Hosen gehen will, sollte seine Beine vorher tunlichst in Autan tränken. Über die weiten, sonnenheißen Wiesenhänge steiler Schafweiden flüchte ich empor zum schmalen Grat, wo ein kühles Lüftchen mich aller Sorgen um Insekten und Hitzschlag enthebt und in die Weite der Ammergauer Bergwelt entführt. Der Blick schweift weit nach Osten, dorthin wo das Karwendel unter der brennenden Sonne aus dem Sommerdunst emporwächst. Im Süden schiebt sich das beeindruckend klobige Massiv der Zugspitze vor die Zentralalpen. Ich steige jetzt gemütlich, ja genüßlich weiter, immer auf des Grates stumpfer Schneide und im Norden vom gegenüberliegenden Klammspitzkamm mit seinen vielen pittoresken Felsbuckeln zwischen steilen Grashängen begleitet. Nie gesehene flügelkelchige Schlauch-Enziane überraschen meine Augen ... und meine Füße weichen strahlendem Gold-Pippau und kleinen gelben Veilchen aus.

Am Gipfelkreuz angekommen, schnappe ich mir das dort hängende blaue Fernglas und werfe einen Blick in die Runde: Dort, hinter der vorwitzig in den Himmel ragenden Felsnase des Daniel, stehen die schroffen Felswände der Mieminger, liegen nach diesem ergiebigen Winter noch Ende Juli riesige Schneemassen in den Karen über der Coburger Hütte. Das Glas schwenkt hinüber zu den steilen, verschachtelten Felstürmen, -flanken und -wänden der südwestlichen Ammergauer ... hinunter nach Schloß Linderhof mit seinen Parkanlagen und Pavillons ... bleibt kurz an der leuchtenden Goldkuppel des Maurischen Tempels hängen ... und stoppt zu meinen Füßen in der Nordflanke des Kuchelbergspitz: Hier weiden einige Gemsen auf einem schon sonnenbeschienenen Grasabsatz inmitten steiler Schutthalden. Dazwischen lagern friedlich zwei Kitze, die sich ihren noch zarten und dunklen Pelz von den ersten Lichtstrahlen aufwärmen lassen ... Also lege auch ich mich auf einer Graskanzel über der Nordwand nieder, um ein wohlverdientes Gipfelnickerchen zu halten.

Wer will, kann an den 2020 m hohen Kuchelbergspitz noch den sechs Meter höheren Kuchelbergkopf oder aber die nahe, wilde Kreuzspitze „dranhängen". Ich aber, wunschlos zufrieden mit den empfangenen Eindrücken, stehle mich über ein schmales Gamssteigerl hinüber zum hinteren Kuchelberg-Anstieg. Und in lustvoller Erwartung eines kühlenden Bades in den Gumpen und Wasserduschen des Kuchelbachs springe ich durch lichte Latschen-Wälder und Grasrinnen hinunter zur Klamm. Hier, wo das Wasser zwischen Frieder und Kuchelberg seinen Lauf tief in den Fels geschnitten hat, läßt sich der erhitzte Körper abfrischen, der Schweiß herunterwaschen und die gelungene hochsommerliche Tour gebührend beschließen ... Wenn da nicht noch dieser elende Hatscher zurück wäre.

Christian Schneeweiß

Ahorn in der Elmau vor den Plattenwänden des Rauhenstein

Am Schützensteig

*Dickelschwaig und Graswang
im Zentrum der Ammergauer Alpen*

◀ *Wild und zerklüftet erscheint der lange Kamm zwischen Daniel,
Hochschrutte und Kohlbergspitze vom Zugspitzgipfel aus.*

*Die Schellalm, idyllisch gelegen auf einem aussichtsreichen ▶
Rücken mit Blick auf
Garmisch-Partenkirchen und Wettersteingebirge*

Der Säuling, markantes Wahrzeichen über Füssen, Schwangau und Reutte

Im Abstieg von der Klammspitze

Träge fließen Herbstnebel über den Klammspitzkamm, nur Laubeneck und Teufelstättkopf bleiben im Genuß der wärmenden Sonne.

Zu Füßen der Berge

Vom Radeln auf Abwegen

Eine wunderschöne Radtour, auch für genüßliche Freizeitfahrer, führt durch das Elmautal hinüber zum Plansee.

Es ist Herbst im Ammertal, und wie so oft zu dieser Jahreszeit versucht der Nebel über den Ettaler Sattel heraufzuklettern. Da unten, im dichtverhangenen Loisachtal, rauschen jetzt die Massen vorbei auf ihrem Weg zu den Mountainbike-Highways der Alpen. Denn sie wissen ja nicht, was ihnen im sonnigen Altweibersommer droben in den Ammergauern entgeht! Ein eindrucksvolles Spektakel: Die Wälder flammen in feurigen Farben zwischen verlassenen Almwiesen und schroffem Fels; unter dem zartblauen Himmel geben sich die Berge mal lieblich und verspielt, mal rauh und unnahbar. Wer immer also neue Mountainbike-Touren mit abwechslungsreichen Ausblicken sucht, ist im zweitgrößten Naturschutzgebiet Deutschlands zwischen Füssen und Oberammergau genau am richtigen Ort.

Die Rundstrecke über 45 Kilometer durch die breiten Täler der Elmau und der Neidernach zum Plansee und nördlich der Geierköpfe, der Kreuzspitze und des Kuchelbergs wieder zurück, ist eine Glanznummer des herbstlichen Ammergebirges. Kurze, aber anspruchsvolle Anstiege wechseln hier mit Abfahrten durch vielgestaltiges Gelände. Kurz vor dem „Rummelplatz" am Königsschloß Linderhof beginnt die Tour: Zwei Kilometer westlich vom Dorf Graswang biegt vor dem Elmaubach ein Forstweg von der Bundesstraße ab.

Mühelos, weil fast ebenerdig, beginnt der Ausflug im bunten Wäldchen des Lindergries'. Entlang des Elmaubachs geht es anfangs direkt auf den kahlen, abweisenden Gipfel des Frieder zu. Bis nach etwa 40 Minuten der höchste Punkt der Tour am Elmausattel erreicht ist, muß man sich aber doch noch recht kräftig ins Zeug legen, weil die Schotterpiste mit jedem Kilometer steiler wird. Die Aussicht vom 1200 m hohen Plateau, das Ammer- und Loisachtal voneinander trennt, ist dafür eine akzeptable Entschädigung. In der sonnigen Idylle kommen uns zahlreiche Radler entgegen, die vom nebelverschluckten Garmisch oder der „Ochsenhütte" unterwegs sind zur etwas höher gelegenen Rotmoosalm.

Wir dagegen machen nur eine kurze Stippvisite im hinteren Loisachtal, rauschen hinunter in Richtung Grenzstation Griesen. Rumms – da steht er vor uns, der mächtige Felsklotz der Zugspitze mitsamt dem grauen Wettersteinmassiv. Majestätisch, besonders nachdem man sich eben mit den eher zurückhaltenden Ammergauern angefreundet hat. Aber trotz des überwältigenden Panoramas sollte man sie nicht übersehen: die Schilder, die uns nach ungefähr zwei

Lange und teilweise sehr steile Forststraßen sind ideales Terrain für konditionsstarke Biker. Roland Christ im Sägertal.

Kilometern bergab, etwas versteckt auf der rechten Seite, den Weg zum Plansee weisen. Denn der „Trial"-Abkürzer ist die bessere Alternative zur vielbefahrenen Bundesstraße ganz unten im Tal. Auf ihm gelangen wir bald zum Schotterfeld des Friedergries'. All die Pfade, die sich hier durch die Steinwüste schlängeln, treffen sich wieder, nachdem ein kleiner Bergbach überquert ist – in einem bizarren Kiefernwäldchen, das eher an mediterrane Gefilde erinnert denn an die Nördlichen Kalkalpen, und das uns ein gutes Stück hinunter zur Neidernach begleitet.

In Richtung Westen folgen wir nun der fünf Kilometer langen Forststraße neben dem Fluß. Anfangs geht es noch flach und gemütlich dahin – bis sich das trogförmige Tal zuspitzt und immer enger wird. Und die letzten beiden Kehren hinter der deutsch-österreichischen Landesgrenze haben es dann tatsächlich in sich! Die Belohnung: der smaragdgrüne Plansee, dessen Ostufer wir nach einer kurzen Abfahrt erreichen. In seinem ruhigen und glasklaren Wasser spiegeln sich die jetzt honigfarbenen Berghänge der westlichen Ammergauer Alpen vor dem massigen Koloß des Thaneller. Für eine Verschnaufpause gibt es keinen besseren Ort!

Die schmale und kurvenreiche Teerstraße hinterm Weiler Plansee führt zurück nach Deutschland – die 20 Kilometer bis zu unserem Startpunkt sind in guten 50 Minuten geschafft: Flott strampeln wir vorbei am versteckten Hotel Ammerwald und über den dichtbewaldeten Ammersattel, erst bergauf, jetzt bergab. Und bald passieren wir an der Grenzstation Linderhof das deutsche Zollhaus (zum Glück haben wir nicht unsere Ausweise vergessen) und lassen unsere Räder auf den letzten Metern zu unserem Ausgangspunkt ausrollen.

Vor gut dreieinhalb Stunden haben wir uns hier verabschiedet – und die Verwandlung könnte gelungener nicht sein! Naturschauspiel, II. Akt: Aus der Farbenpracht, die vorhin noch die bunten Herbstbäume komponierten, ist ein Lichtspiel der Nachmittagssonne geworden. Ihre flachen Strahlen schneiden sich an den zackigen Gipfeln der Ammergauer und hängen wie silberne Fäden über dem schattigen Graswangtal. In diese Bilder hatte sich schon der romantische Bayernkönig Ludwig II. verliebt – und seinen Untertanen zu recht befohlen:

„Man soll mir die idyllische Einsamkeit und die romantische Natur und deren malerische Schönheit nicht stören! Auch für zahllose andere Menschen als ich einer bin, wird eine Zeit kommen, in der sie sich nach einem Land sehnen und

einem Fleck Erde flüchten, wo die moderne Kultur, Technik, Habgier und Hetze noch eine friedliche Stätte übriggelassen hat, weitab vom Lärm und Staub der Städte". Und tatsächlich: heute steht des Königs kleines Schlößchen mitten im riesigen Naturschutzgebiet seiner geliebten Ammergauer Alpen...

Julia Schlegel

Hoch über dem Nebel

Von klaren Tagen und kalten Nächten

Dicke Nebel liegen über dem Loisachtal, hoch darüber, im letzten Licht eines Novemberabends, das Wettersteingebirge und die Zugspitze.

Seit Tagen sitze ich im Nebel – wie alle in diesen frostigen grauen Herbsttagen. Bis Bernd mich anruft und eine seiner berüchtigten Fototouren vorschlägt. Schon oft war ich mit ihm zu nachtschlafender Zeit unterwegs, um den Sonnenaufgang in den Ammergauern zu bewundern. Aber diesmal will er auf dem Daniel, dem höchsten Gipfel der Ammergauer Alpen, übernachten und damit Sonnenuntergang und Sonnenaufgang in einem Aufwasch erleben und fotografieren – und uns eine krätzige Nachtwanderung ersparen.

Viel zu früh – gegen Mittag – fahren wir nach Lermoos. Es ist die Jungfernfahrt für mein neues, „nur" 12 Jahre altes Auto. Vor den ersten Häusern machen wir uns an einigen Fischweihern entlang über noch grüne Mähder und schon fahlgelbe Wiesen zügig auf den Weg. Hinter uns räkelt sich eindrucksvoll die Ehrwalder Sonnenspitze am Rand des Lermooser Beckens im Mittagslicht. Die erstaunlich weite und flache Ebene ist der Grund eines ehemaligen Sees, der nach dem Durchbruch der Loisach von einem Moor, eben einem „leeren Moos", bedeckt wurde, das die Menschen später entwässerten und kultivierten.

Hier, zwischen den Bergen, ist der Himmel strahlend blau: Spätherbstluft, die nur in der Sonne wärmt. Im Schatten bleibt es klirrend kalt: Der gefriergetrocknete Boden, filigran ausgehöhlt wie Bimsstein, knirscht und zerfällt unter unseren mit Lederbergschuhen bewehrten Füßen. Auf diesem Steig durch ein enges, schattiges Tälchen gehe ich das erste Mal zum stolzen Daniel. Der „Böse Winkel" hat den spätmittelalterlichen Bauern offenbar beträchtliches Unbehagen eingeflößt. Einige verfallene Bänke in zugewachsener Aussichtsposition künden von der Vergänglichkeit der Welt (genauer: von der Vergänglichkeit der Zustände in der Welt). Aber entlaubter Jungwald gibt den Blick frei auf das von kleinen Heustadeln übersäte und von Entwässerungsgräben durchzogene Becken und die sich dahinter ins Blau türmende Felskette der Mieminger.

Auf dem dauernd mäßig bergan steigenden Pfad gelangen wir nach einem steilen, zwischen einem pittoresken „Felsgarten" hindurchführenden Gratstück bald auf die Lermooser Alm; natürlich ist sie geschlossen. Am Ende des von meinen Skitouren her vertrauten Hochwaldrückens zur Upsspitze legen wir an einem idyllischen Wiesenplätzchen unser wohlverdientes Päuschen ein: 700 Höhenmeter, gut die Hälfte der Höhe, haben wir in einer Stunde „gemacht".

Die Sonne steht noch hoch, die Wiese ist weich und warm, der Durst gestillt, die mit Fotoausrüstung bzw. Biwakzeug vollgepackten Rucksäcke liegen im Gras, Bernd schaut ein paar Gemsen zu... Bumm, bumm – dumpfes Stampfen läßt uns aus dem Dösen auffahren und gegenseitig in die Augen blicken: „Jurassic Park" ist erst letztes Jahr gelaufen! Einige Augenblicke später kommt eine Frau den Weg herunter, und wir stellen erleichtert fest, daß wir nur auf besonders schalleitendem Boden sitzen.

Die sommers so mickrige Upsspitze – gekleidet in felsdurchsetztes, makelloses Weiß vor dunkelblauem Himmel sieht sie ganz schön alpin aus. Weshalb wir lieber unter ihr zum freundlich herüberwinkenden Daniel queren, wo ein schwarzes Rabenpärchen uns zum Gipfel gratuliert.

Sonnenuntergang: Nicht das schneebedeckte Gipfel- und Spitzengewirr der Lechtaler Alpen vor der sich setzenden, verhalten glühenden Herbstsonnenscheibe fasziniert uns; auch nicht der Blick auf die bereits im Schatten schlafenden, bewaldeten Berge der Ammergauer, sondern die Mauer des Zugspitzmassivs, die Wetterwand, die mit ihren bis zu 1400 Meter hohen Westabstürzen in allen Farbschattierungen von Gelb bis Rot zu uns herüberleuchtet. Und durch das Fenster zwischen Hochwand und Hoher Munde lugen aus dem Südosten die noch sonnenbeschienenen Firnflanken des Zillertaler Olperergebiets zu uns hindurch. Abweisend wirft der glatte Plattenpanzer der Sonnenspitze-Westwand die letzten kraftlosen Sonnenstrahlen zurück. Bis nur noch ein flammendroter Streifen im Westen vom Untergang der lebensspendenden Feuerkugel der Sonne zeugt.

Nachdem ich meinen Biwak-„Claim" auf dem Gipfel abgesteckt habe, richtet Bernd sich auf dem Weg eine Art Gitterbett aus steinbeschwerten Stecken her, das verhindern soll, daß er unterm Schlafen unversehens ins Daniel-Kärle hinunterkullert. Während er eifrig werkelt und fotografiert, packe ich in Vorfreude auf ein warmes Süppchen mein Kochzeug aus – und beinahe geht er sogar an, der verrußte Kocher. Aber nach langem Pumpen und einem kurzen Mucks hüllt er sich in hartnäckiges Schweigen. Aus der Traum von der Gipfelsuppe!

Also würgen wir ein spartanisches Abendessen aus Brot bzw. Schokolade in unsere Mägen und feuchten es mit den Flüssigkeitsresten aus unseren Trinkflaschen an. Schnell verschwinden wir in unseren Schlafsäcken, um mit mangelhafter Körperheizung einer 14-stündigen Herbstnacht entgegenzuzittern. Es hat um die –15 Grad...

Bergschatten in der Nacht. Leuchtender Nebel unten über der Stadt. Sternengesprenkelte, halbkugelige Schwärze über dem Kopf. Der Schmetterling des Orion fliegt von Osten über den Himmel, das fragende W der Cassiopeia steht über mir. Das helle Band der Milchstraße spannt sich zwischen den Horizonten, wandert mit den Stunden über die sich unter ihm durchdrehende Erdkugel hinweg. Eine Sternschnuppe schießt durch das Firmament – ich denke an eine Frau. Windgebrochene Stille.

Ein dringendes Bedürfnis läßt mich aufwachen – zum x-ten Mal. Als ich auf der Garmischer Seite vom Gipfel herunterpinkle, wundert's mich nicht mehr, daß diese Nacht so saukalt ist: Der Talnebel ist verschwunden! Das beleuchtete Garmischer Straßennetz läßt sich wie auf dem Reißbrett erkennen und die Lichter von Ehrwald zeichnen die Umrisse einer dämonischen Fratze in die nächtliche Stille.

Nach langem Hin- und Herwälzen werde ich von Bernd geweckt, unmotiviert, wie mir scheint, denn es ist noch dunkel. Als ich aber den Kopf nach Osten wende, sehe ich einen Schimmer hinter der Zugspitze: die Morgenröte – aber was für eine! Aus dem Schlafsack heraus sehe ich das ganze Farbenspektrum von Tiefblau über ein unglaubliches Lila bis zu Feuerorange langsam über der Wetterwand aufsteigen …

„Christian, könntest du mal schnell zum Ups 'rübergehen?" Tatsächlich: in warm geröteten, nur allzu vergänglichen Farbtönen steht der Vorgipfel des Daniel ideal vor den weißen Spitzen der Lechtaler. Ein Fotomotiv! Aber „schnell 'rübergehen"? Im Laufschritt hetze ich über Schnee und Stein den halben Kilometer hinunter, hinüber und den kurzen Abbruch hoch auf den Aussichtssporn. Ein Fotomodell! Das Licht ist noch gut, weitere Fotos folgen, und dann gönnen wir uns endlich ein kärgliches Frühstück – ohne zu trinken, versteht sich.

Auf dem gefrorenen Weg in einen neuen, kristallklaren Tag hinabsteigend, drehe ich mich zum Abschied noch einmal um zum morgenfrischen Daniel. Dabei bemerke ich im Daniel-Kärle erstaunlich junge Karformationen. Während der „Kleinen Eiszeit" vor etwa 400 Jahren müssen hier wohl nicht gerade Gletscher, aber doch dicke Firnfelder gelegen haben. Von ihnen wurde im oberen Karboden, dort, wo im Frühjahr die anspruchsvolle Steilabfahrt endet, eine noch kaum bewachsene Mulde ausgehobelt. Und droben, an der Westflanke des Kärle-Hufeisens wurde der nacheiszeitliche Boden so gründlich abgeschabt, daß dort das Latschendickicht übergangslos von einer dünnen Wiesendecke abgelöst wird. Es ist immer wieder erstaunlich, was sich alles erkennen läßt, wenn man nur mit offenen Augen durchs Gebirge läuft …

Nach langem Abstieg erreichen wir bei den jetzt reifüberzogenen Wiesen und eisverkrusteten Fischweihern das Lermooser Becken. Wir sind etwa zu der Zeit wieder zuhause, zu der wir gestern losgefahren sind … Das Mittagessen schmeckt heute besonders gut.

Christian Schneeweiß

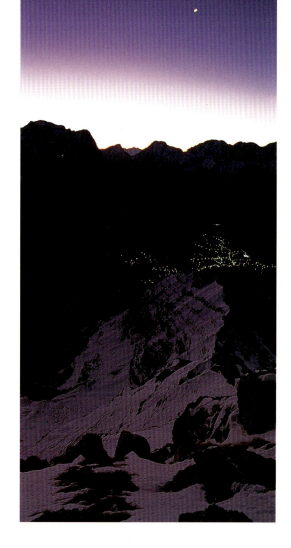

Über den Lichtern von Ehrwald und den Gipfeln der Mieminger Berge kündigt sich der neue Tag an.

Am Nordgrat des Daniel

◀ *Aufstieg zum Rappenkopf*

Unscheinbar und sanft erscheinen die Ammergauer vom Gipfel der Zugspitze aus.

Am Nordgrad des Daniel

Blick vom Daniel zur nahen Upsspitze, im Hintergrund die Allgäuer Alpen

Winterwandermärchen

Von weichen Formen an weißen Pfaden

◀ *Winterabend über dem Klammspitzkamm*

Tour extrême: Im Schneesturm auf der Notkarspitze

Ein völlig verwehter Weg im Nebel. Waagerecht treibender Schnee und hängende Latschenzweige klatschen in unsere Gesichter. Im dumpfen Rauschen des Windes stolpern wir den felsigen Weg am Grat empor, finden ihn, verlieren ... „Hopp, was machst du denn da?" Plötzlich bin ich die Wegböschung abgerutscht, und Bernd kann sich natürlich nicht einer spöttischen Bemerkung enthalten.

Was macht man sonntags gegen Jahresende, wenn man aufwacht, und draußen rauscht ein dichter Schneevorhang nieder? Man schnappt sich Goretex-Kombi, Gamaschen und Lederbergschuhe und fährt zur Notkarspitze.

Ein halber Meter Schnee, ganz frisch! Voller Auftrieb spuren wir den kaum noch erkennbaren Pfad nach oben in die graue Suppe hinein, aus der dicke Flocken auf uns herniederschweben. Unberührter Schnee, eingeeiste Bäume, weiche weiße Zuckerhüte über jungen Fichten: das gibt's nur im Hochwinter auf verlassenen Sommerwegen. Ein im Schnee nach Gras buddelnder Gamsbock wird von uns um sein Mittagsmahl gebracht. Ein Nebelaufriß legt uns Kloster Ettal 600 m tief zu Füßen. Ansonsten nur vom leisen Rauschen des Schneefalls untermalte Stille ...

Geschafft! Schneevermischte Nebelschwaden schießen über den Kamm, und der tobende Weststurm greift in die hohl pfeifenden Stahlseile des Gipfelkreuzes. Im dichten Schneetreiben reichen wir uns die Hände, zufrieden, den wenig versprechenden Tag mit einer Wintertour extremerer Art ausgiebigst genutzt zu haben ...

Die Aussichtsalm: Winter über Reutte

Sanft gewellter Schnee liegt als dicke, weiche Decke über dem gefrorenen Boden des lichten Waldes. Ein metertief ausgewehter, weißer „Schneekolk" umkränzt eine junge Fichte. Ihre Äste sind tief heruntergebogen unter der Last des vielen Neuschnees der letzten Tage. Auch heute jagt ein Schneeschauer den anderen, hat uns die Wettervorhersage wieder einmal einen Streich gespielt. Klingt nicht gut? Aber dafür werden wir zwischen den Schauern reichlich entschädigt durch tanzende Flocken vor strahlend blauem Himmel über einer blendend hellen Lichtung. Und hinter allem blickt drohend der wolkenverhüllte

Gipfelaufbau des mächtigen Thaneller herüber.

Längs des geräumten Weges künden schneegekrönte Zäune vom Kampf um den Wald: Damit das Wild nicht die Jungbäume zu Gartenzwergen reduziert und solche Schneemassen wie dieses Jahr nicht als Lawine zu Tal donnern. Und siehe da: Es wachset und gedeihet, Weihnachtsbäumchen duckt sich neben Weihnachtsbäumchen.

Auf der Dürrebergalpe angekommen, flüchten wir vor dem nächsten Schneeschauer in die warme Stube. Umtrunk, dampfige Luft, urige Gemütlichkeit... Plötzlich, Tines Ruf: „He, schaut mal 'raus!" Gleißendes Licht blendet unsere Augen, sonnenumflossen steht der Thaneller jetzt in seiner ganzen majestätischen Pracht über dem Lechtal. Unten breitet sich das Spinnennetz der verkehrsberuhigten Sträßchen des hübschen kleinen Skiorts Reutte aus. Hinten leuchtet das Ski- und Tourengebiet zwischen Berwang und Namlos, im Westen stehen die Tannheimer Berge mit der den Himmel kitzelnden Kellespitze (auch Köllenspitze). Und aus Südost – schon beim Abstieg – lugen die schroffen, dunklen Nordabbrüche des Danielkamms herüber.

Plötzlich, ein Glitzern und Blenden wie von tausend Spiegeln zwischen den Bäumen: Der azurblaue Urisee freut sich über unsere wohlbehaltene Rückkehr.

Christliche Abendstimmung: Im Hochwinter zum Pürschling

Echte, schneebedeckte Tannen, jawohl! Nicht das, was man normalerweise als Weihnachtsbaum vorgesetzt bekommt wie diese Wohnzimmerfichte dort, die in der Faulhöhle einer alten Buche wächst... Ein katholisches Quellheiligtum, aus dessen Felsspalt ein Bächlein entspringt und sich unter der tiefen Schneedecke verliert... Dunkle Stämme des Ammergauer Hochwalds im trüben Licht eines hochwinterlichen Nachmittags.

Abrupt endet der Wald. Unter abwechselnd glitzernder und fahler Schneedecke breitet sich ein kleines ebenes Tälchen im wolkendurchschatteten Sonnenlicht vor meinen Füßen aus. „Vorsicht Lawinengefahr" steht hier geschrieben – und tatsächlich: Weiter oben quere ich eine zu ästhetisch ansprechenden Wölbungen und Senken gebauchte Bergflanke, durch die der Pistenbully des Hüttenwirts einen breiten Weg gepflügt hat. Lawinenhänge an schneereichen Frühwintertagen...

Schon im Angesicht des wie ein Adlerhorst hoch über dem Lindertal klebenden alten Pürschlinghauses, bricht der Schnee abrupt vor mir weg. 600 Meter tiefer sehe ich die bunten Gestalten der Langläufer zwischen Graswang und Schloß Linderhof hin und her flitzen. Sehnsüchtig wandert mein Blick zum 200 Meter höheren Teufelstättkopf hinauf, den gerade zwei Skitourler hinunterfahren. Ich Esel dagegen habe meine Firngleiter vergessen und werde hinunter laufen müssen.

Über mir haben sich die Wolken aufgelöst, und die untergehende Sonne taucht das Ammergebirge in das unwirkliche Licht phantastischster Rottöne. Im Süden ragt pastellrosa die wilde Kreuzspitzgruppe in den klaren Abend. Das Massiv der Zugspitze leuchtet im grellen Farbton einer Apfelsine. Hinter der tiefverschneiten Hochplatte und der dunklen Klammspitze brennt der Himmel... Atemberaubend!

Die Brotzeit im geräumigen Gastraum des größeren neuen Pürschlinghauses tut jetzt richtig gut: Entspannung, ein Plausch mit dem auf einer Schneekatze „hochgerittenen" Wirt und vor dem inneren Auge immer wieder das ungläubige Abspulen der erlebten Farbenexplosion...

Beim einsamen Abstieg im vollen Mondschein erst entdecke ich das niedliche rosa Barockkapellchen, das die früher so kirchengläubigen Unterammergauer neben den Weg gebaut haben. Als Abschlußattraktion steige ich in die kleine, aber feine Klamm der Schleifmühlenlaine ein. Rauschende, von Eiszapfen umfrorene Wasserfälle empfangen mich, unheimliche Schatten zwischen glitzerndem Schnee im trügerischen Mondlicht – und ein spiegelglatter Weg zum Parkplatz.

Christian Schneeweiß

Ein Föhnsturm treibt lange Schneefahnen über Kreuzspitze und Kuchelberg.

Neuschnee am Klammspitzkamm

Pürschlinghaus

◀ Wie durch einen unheimlichen Zauberwald spuren wir an diesem Dezembertag hinauf zur Notkarspitze.

Unzugängliche Felszacken bilden den vorgelagerten Gipfel des Pürschling. ▶

Zugspitze und Schneefernerkopf im Abendrot

Eine geräumte, sehr schöne Winterwanderung führt von Reutte hinauf zur Dürrebergalpe.

Ein kalter Winterabend über dem Lindertal

Ganz gleich ob Skater oder Klassiker, die Loipen zwischen Ettal und Graswang gehören zu den schönsten Langlaufstrecken, nicht nur in den Ammergauern.

Weite Loipen

Vom Volkslanglauf vor Ludwigs Haus

Einmal im Jahr gibt es ein Riesengebrüll. Da schießen die Langläufer aus dem Wald heraus, flitzen vorbei am tiefverschneiten Schloß Linderhof. Ihr heißer Atem dampft in der Vormittagssonne. „Hea, hea, hea", schreien die Skandinavier, „go, go, go", die Amerikaner, und von den deutschen Fans hört man hier und da ein „hopp, hopp". Die Stimmen verhallen zwischen den weißen Hügeln des Schloßgartens. Bis die Verfolger kommen, liegt das verträumte Märchenschloß wieder würdevoll und einsam da – wie ein kleines Schmuckstück, das jemand in den Bergen verloren hat.

Großartige Inszenierungen waren zwar eine Spezialität des Erbauers von Linderhof, König Ludwigs II.; doch für ein lautes Spektakel wie den König-Ludwig-Lauf hätte die menschenscheue Majestät wohl recht wenig übrig gehabt. Niemals in seinem geliebten Ammer- und Graswangtal, geschweige denn in seinem Schloßgarten! „Verbotener Weg" hießen zu des Königs Zeit die Pfade rund um Linderhof. Wo sich heute einmal im Jahr Profi- und Hobbysportler aus aller Welt beim Volkslanglauf messen, da hatte das gemeine Volk früher absolut nichts zu suchen. Allein der Romantiker rauschte hier zu nächtlicher Stunde in seinem Prunkschlitten durch die verschneiten Bergwälder, und nur seine Fackelreiter durften ihn begleiten.

Der König-Ludwig-Lauf wurde Mitte der Sechziger-Jahre geboren, am Stammtisch des Gasthofs „Rose" in Oberammergau, an dem auch Benedikt Stückl saß. Der Vorstand der Skiabteilung im Turn- und Sportverein hatte da so einen Gedanken, der ihm nicht mehr aus dem Kopf gehen wollte. Stückl organisierte, und schon im Jahr 1968 war es so weit: Der Startschuß zum „1. Bayerischen Skilanglauf auf König Ludwigs Spuren" war gefallen, an der Ettaler Mühle beim Klosterdorf Ettal. Eine Meute von ungefähr 700 Brettlfans mit gutgewachsten Skiern und Proviant im Rucksack stürmte die Loipen, die Hunderte von Soldaten in tagelanger Arbeit in den tiefen Schnee getreten hatten.

Da rannten die Sportler nun durch den tiefen Wald, vorbei am Forsthaus Dickelschwaig bei Graswang zum Schloß Linderhof und durchs breite, gefrorene Flußbett der Ammer zurück zum Frauenwasserl bei Oberammergau – Ziel für die Frauen, ganz einfach deshalb, weil sich die Oberammergauer an dem Reglement des großen schwedischen Wasalaufs orientierten. Und so sorgten die Schweden dafür, daß die Männer auch hier, in Oberammergau, noch eine zweite Runde vor sich hatten.

Sportsgedanke, Wettkampfeifer, Naturidylle: Der „Luggi-Lauf", um mit den Ammertalern zu sprechen, wurde berühmt. Genauso wie Pauli Siitonen: 1974 kam der Finne zum erstenmal nach Oberammergau – ein Auftritt mit Folgen. Denn offenbar passiert es auch erfahrenen Langlauf-Experten mitunter, daß sie nicht so ganz richtig liegen bei ihrem Griff in den Wachskoffer. Glatter Ski! Pauli Siitonen hatte seine Probleme; besonders bergauf. In der Not versuchte der Finne alles, um nur irgendwie voran zu kommen: Also, einen Ski seitwärts aus der Spur gestellt und damit angeschoben, ein kräftiger Doppelstock-Einsatz – es funktionierte perfekt! Pauli

Siitonen siegte. Die Sensation! Der neue „Siitonen-Schritt" wurde zum Erfolgsrezept im Langlaufsport und verrückte alle Maßstäbe, die es in dieser Disziplin jemals gegeben hatte. Siitonen gewann von nun an einen König-Ludwig-Lauf nach dem anderen, sechs Jahre hintereinander, unangefochten …

Die Neuheit Nummer zwei des Jahres 1974 hieß „Alpentris". Die Oberammergauer hatten einen Wettkampf-Verbund geschlossen mit dem italienischen Val di Fiemme und dem österreichischen Lienz. Marcialonga, Dolomiten- und König-Ludwig-Lauf gehören seitdem zusammen: Alpentris eben. Später kam der „Euroloppet" und schließlich noch der „Worldloppet": mit 13 der bekanntesten Läufe der größte Langlaufwettbewerb der Welt. Der „Luggi-Lauf" war nun nicht mehr wiederzuerkennen. Größer, bunter und internationaler wurde das Teilnehmerfeld. Das Rekordjahr war 1983, als 3961 Starter die traditionsreiche Loipe unter ihre Brettln nahmen. Heute sind alljährlich etwa 2500 Teilnehmer bei dem Langlauf-Klassiker dabei, und statt ursprünglich 90 stehen 55 Kilometer auf dem Programm, wahlweise in Skating- oder klassischer Technik.

Mondaufgang über der Dürrebergalpe, wie alle Aufnahmen in diesem Bildband ohne Filter, ohne Tricks, ohne jede Manipulation fotografiert.

Der „Bayerische Skimarathon auf König Ludwigs Spuren" gilt heute als der größte seiner Art in Deutschland. Trotzdem hat sich seit 1968 nicht viel geändert: Wer zum Ludwig-Lauf kommt, der fühlt sich wie in einer großen Familie. „Zu Zeiten des Ostblocks haben wir schon mal einen vermeintlichen Trauergast über die Grenze geschleust. Wenigstens für ein paar Ludwig-Lauf-Tage", erzählt Hans Reicherl aus Oberammergau, Vorsitzender des König-Ludwig-Laufs und Chef des Euro- und Worldloppets. Er hat für Probleme der Teilnehmer immer ein offenes Ohr. Unter Volkslangläufern ist deshalb das Organisationsbüro in dem kleinen Holzhäuschen inzwischen so bekannt wie unter Japanern das Oberammergauer Passionstheater gleich nebenan.

Wenn es dann endlich soweit ist, finanzkräftige Sponsoren aufgetrieben und die Streckenverläufe nach allen Regeln des Naturschutzes festgelegt sind, hofft Oberammergau nur noch auf eines: Schnee! Denn Schneemangel ist heute im Ammertal genauso gefürchtet wie in anderen Alpenregionen. Immer häufiger mußte das Organisationskomitee in den vergangenen Jahren den Streckenverlauf kurzfristig ändern, weil zum Beispiel nach einem Föhn-Einbruch auf der Sonnenseite des Tals keine Loipe mehr gezogen werden konnte. Schneedepots, die den ganzen Winter über sorgsam gehortet wurden, waren dann die letzte Rettung.

Man muß schon Glück haben, um die Ammergauer Winterwälder so anzutreffen, wie König Ludwig II. sie erlebte: tiefverschneit und einsam. Zum Langlaufen in dem flachen und im Spätwinter recht sonnigen Graswangtal reicht der Schnee aber meistens. Die 60 Kilometer Diagonal-Loipen sind ideal für Anfänger und solche, die es eher gemütlich mögen. Der modernere Skatingstil hat sich hier bislang kaum durchgesetzt: Vergleichsweise wenige Loipenkilometer werden für die Fans des Schlittschuhschritts gewalzt und nicht gerade liebevoll gepflegt.

Anders in Reutte. Die Region wird unter Langläufern wegen ihrer vielen gut präparierten und abwechslungsreichen Loipen als Geheimtip gehandelt: Von idyllischen Skiwanderungen für Genießer bis hin zu anspruchsvollem Gelände für Spitzensportler ist hier alles geboten. Eine Tour von Reutte ins nahe Tannheimer Tal oder vor der eindrucksvollen Bergkulisse des Lermooser Beckens sollte sich ein begeisterter Langläufer auf keinen Fall entgehen lassen.

Gegen dieses Langlauf-Eldorado ist Füssen zwar alles andere als ein nordisches Zentrum, doch die Kulisse macht vieles wett: Vorbei an Schlössern und Seen schlängeln sich die weißen Spuren – wenn es die eher mageren Winter unserer Zeit zulassen; und das war in den letzten Jahren eher selten der Fall.

Zumindest auf Schloß Neuschwanstein hätte der König seine Ruhe gehabt vor einem Volk, das auf Skiern umherläuft. Übrigens, warum sollte ein Märchenkönig eigentlich keinen Spaß am Ludwig-Lauf haben? Vielleicht hätte König Ludwig II. von Bayern schmunzelnd zugesehen, wie ein paar hundert mit Schneeschaufeln bewaffnete Soldaten die Loipen präparieren – friedliebend soll er ja gewesen sein.

Julia Schlegel

Weite Loipen bei Graswang: nur an wenigen Streckenabschnitten zeigt sich hier im Hochwinter die Sonne.

Der Tag geht, die Nacht kommt: Heiterwang, Kohlbergspitze und die Mieminger Berge.

Spuren im Tiefschnee

Durch lichten Wald und weite Hänge

Die Sonne lacht, Vögel zwitschern, ein warmer Lufthauch umschmeichelt meine Arme, unsere schwitzenden Schultern werden von der Last schwerer Rucksäcke und einschneidender Skier niedergedrückt …

Skier? Ausgerechnet an diesem prachtvollen Frühjahrsnachmittag wollten wir unsere dieswinterliche Abschlußskitour gehen, mit Biwak am Gipfel und streßfreier Abfahrt am nächsten Morgen. Und weil in dem ansonsten tiefverschneiten Ammergebirge der südseitige Danielkamm bereits am Abtauen war, blieb uns zwischen dem extremen Kreuzspitzkar und den altbekannten Waldbergen um die Scheinbergspitze nur der trotz seiner Steilheit fast immer gangbare, 2049 m hohe Werdenfelser Frieder (Friederspitz) mit dem berüchtigt langen Anmarsch.

Dem „Hatscher" auf der Forststraße ab der Ochsenhütte kurz vor Griesen folgt eine chaotische Spur im zusammengesackten, aufgeweichten Neuschnee der letzten Wintertage. Durch engstehende Jungfichten und die lichte Waldflanke des Berges erreichen wir über eine unangenehme Steilstufe am oberen Ende der Friederschneise das sanft geschwungene Hochtal der Frieder-Alm. Eine entsprechend elegante Spur ziehen wir drei vor hochalpiner Kulisse durch den gleißenden Spätnachmittags-Schnee. Der steile, breite Gipfelrücken wird, schwer schnaufend unter 15 kg Biwakausrüstung, im Zickzackspurt genommen – bis es nicht mehr weitergeht … Zum Glück.

Ziemlich fertig, ziehen wir in der kräftig auffrischenden Abendbrise hastig sämtliche verfügbaren Sweat-Shirts, Fleecepullis und Goretex-Kombinationen an. Erst dann gönnen wir uns einen Blick in die Runde: Dort, im Süden, spitzt der Daniel über der schroffen, schneekalten Schattflanke seines gleichnamigen Kammes in den langsam ausbleichenden Himmel… Hinter dem Loisachdurchbruch setzt sich die frostige Schau in den unnahbaren, weißverklebten Nordwänden von der Zugspitze bis zum Waxenstein fort. Im Norden dagegen schimmert die Sonnenseite des niedrigeren Klammspitzkamms längst im grünen Pflanzenkleid des Frühjahrs… Aber noch tief verschneit liegen die fernen Spitzen der Lechtaler und die wüsten Felsflanken der nahen Kreuzspitze unter der düsteren Beleuchtung der aufgezogenen Bewölkung.

Während Bernd diese großartige, aber unheimliche Winter-Szenerie von diversen Fotostandpunkten aus betrachtet, machen Jolly und ich uns vorsichtshalber an die Konstruktion einer neuartigen Schneehöhle nach modernsten Produktionsverfahren. Mit der Lawinenschaufel steche ich an einer günstigen Stelle große Schneequader aus, die Jolly um den Rand einer von uns vertieften Schneemulde schichtet, nach innen neigt und dann mit Lockerschnee verkleistert – direkt unter dem Gipfelkreuz des Frieder! Aber immer öfter greifen seine Hände in nichtbindenden Altpulver, der unter dem pappigen, von der Tagessonne durchfeuchteten Deckschnee lauert und beim Verschmieren einfach wegbröselt... So werden wir nie fertig! Um nicht dem mit inzwischen schneidend kaltem Wind aufkommenden Schlechtwetter obdachlos preisgegeben zu sein, nehmen wir unsere sechs flexiblen, spezialgesinterten Flachprofile der Firma „Titanal Racing Base", legen sie quer über die drei Wände unserer Hütte in spe und decken sie mit solargesinterten, schockgefrosteten Harschplatten der Firma „Gott" ab, die im Moment „in" sind. Der mit Skistöcken „garnierte" Eingang wird im Eskimostil zu einem Schlupfloch Richtung Südosten verkleinert: ein komfortables Drei-Mann-Iglu mit Blick auf rauhe Wettersteingipfel und das ferne Karwendelgebirge statt auf glatte Eisberge und das gegenüberliegende Baffinland...

Plötzlich erstarrt Jolly inmitten der letzten Verfeinerungsarbeiten: „Wahnsinn!" Erstaunt schaue ich in die Richtung seines stieren Blicks: „Bernd, komm mal her." Von seinem Foto-Lauerposten gegenüber der Zugspitze schaut er auf – kommt her, drückt ab und sieht: Getroffen von den letzten Strahlen der untergehenden Sonne leuchten die im Westen drohenden Wolkenbänke im intensivsten, unwirklichsten Feuerrosa. Staunend lassen wir alles stehen und liegen, saugen das Bild dieses zarten Augenblicksgebildes aus Licht und Wasserdampf in uns auf. Ich lache vor Glück: Noch nie in meiner langjährigen Bergsteigerlaufbahn habe ich solche Farben gesehen... aber erinnere mich an ein flimmerndes Polarlicht, das ich vor vielen Jahren, allein auf einem Hochplateau in Kanada liegend, ehrfurchtsvoll bewundert habe.

Dann verkriechen wir uns vor der Kälte der hereinbrechenden Nacht in unserem fertigen Häusel und weihen es ein mit heißer Suppe und warmem indischem Curryreis nebst bayrischen Bratwürsteln. Gute Nacht!

Blendendes Sonnenlicht weckt uns in unserem eher zu warmen Domizil aus tiefem Schlaf. Der strahlend blaue Himmel läßt einen heißen Tag erwarten – und gleich nach der Demontage unserer patentierten Dachkonstruktion machen wir uns an die Abfahrt. Gerade rechtzeitig! Denn noch trägt die nächtliche Harschdecke, noch können wir trotz der schweren Rucksäcke vom Gipfel 'runterbrettern wie in unseren besten Zeiten: Schwung reiht sich an Schwung, Hüfte und Beine wiegen sich im Takt, scharfe Kanten beißen in den steilen Schneehang... Skier rattern, Riemen flattern, und drei feine Schlangenlinien werden den Rücken hinuntergezogen: Firngenuß. Plötzlich bin ich im Pulver – und jauchzend rausche ich in engen, weichen Bögen durch staubenden Schnee die schattige Senke zur Frieder-Alm hinab...

Die ostseitige Sulzabfahrt durch Friederrinne und Wald zum breiten Talboden vergessen wir lieber... Nur so viel: Die sich uns auf der Forststraße schwitzend entgegenschindenden Tourengänger taten uns von Herzen leid.

Die Ammergauer Alpen bieten den ganzen Winter hindurch abwechslungsreichen Skitourengenuß – für Anfänger wie für Fortgeschrittene (Personalausweis nicht vergessen!). Und: sie sind ziemlich schneesicher, erhält das Gebirge doch wegen seiner Lage im (meteorologischen) Alpennordstau um die zwei Meter Niederschlag im Jahr...

Das **Hörnle** ist die ideale Eingehskitour nach dem zweiten Schneefall (wegen Unterlage): Über steile Almwiesen geht's durch ein kurzes Waldstück auf den Rücken des Mittleren Hörnle (1496 m). Blick auf Oberammergauer Berge, Ammergau und Fünfseen-Land. Die 600 Höhenmeter (Hm) wieder hinunter zum Ausgangspunkt, dem Weiler Kappel zwischen Saulgrub und Unterammergau, sind ein einziger Abfahrtsgenuß (einzige Anfahrt ohne Grenzstation).

Die **Scheinbergspitze** wird als typische Hochwintertour häufig begangen. Durch weitstehenden, lawinensicheren Hochwald geht es, die Forststraße abkürzend und dem NO-Rücken folgend, auf eine schräggeneigte Hochfläche: Gipfelersatz bei extremer Lawinengefahr, schlechter Kondition oder schwacher „Moral". Ansonsten ausgesetzter Klettersteig zum Gipfel (1926 m, 950 Hm).

Schöner Rundblick auf die inneren Ammergauer. Abfahrt wie Aufstieg (Neulinge) oder die schräge Hochfläche direkt hinunter (Erfahrene). Ausgangspunkt: Parkplatz mit vielen Autos gut zwei km hinterm Zollhaus Linderhof.

Der traditionelle Ganztages-„Hatscher" auf die **Hochplatte** ist von hochalpinem Charakter und westalpinen Ausmaßen (8 Kilometer bei 1100 Hm!): Ausdauer und „Gleitsicherheit" werden immer, Orientierungsvermögen beim (unwahrscheinlichen) Spuren benötigt. Die Tour folgt dem Sommerweg: Vom oben erwähnten Parkplatz das flache Sägertal hinauf, ins lawinengefährdete Lösertal gequert, auf und ab zum Grat, drüben hinunter und endlich hoch zum 2079 m hohen Ostgipfel. Gute Aussicht auf westliches Ammergebirge, Lechtaler Alpen und Pfaffenwinkel.

Vom **Danielkamm** kostet man im Frühjahr bei Firn. Seine Gipfel (Steigeisen mitnehmen!) und Scharten sind mit ihren genußvollen bis rassigen, oben lawinengefährdeten Abfahrten über weite Almenhänge das zweite Tourenskizentrum des Ammergebirges.
Vom Lähner Skilift aus erreicht man über steile Almen westlich des Dristelbachs, weite Schneeflächen und den Gipfelaufschwung die **Upsspitze** etwas rechts ihrer Fallinie (2332 m, 1225 Hm). Trittsichere gehen den Grat zum **Daniel** hinüber (2340 m). Gigantisches Bergpanorama: Wetterstein-Wand, Mieminger Kette über dem Lermooser Becken, Lechtaler Alpen mit der Gartnerwand! Idealabfahrt...

Von der Lähner Materialseilbahn gleitet man über den Rücken östlich des Wiestals, Steilstufen in Rechts-Links-Schleifen umgehend, zum **Pfuitjöchl** hinauf (2137 m). Bei Lawinengefahr fährt man von hier fast durchgehend steil zum Skilift ab. Ansonsten laufen gute Fahrer mit geschulterten Skiern in gehörigem Abstand zu den nordseitigen Wächten entlang der schmalen Schneide zum **Plattberg** (Hochschrutte, 2247 m). Erstklassige Aussicht auf die Skiberge der östlichen Lechtaler! Die 1125 Hm Abfahrt sind anfangs atemberaubend steil, dann rassig und laufen schließlich genußvoll aus...

Dem extremeren Skitourengeher sei das **Kreuzspitzkar** empfohlen, wo die nordseitige, lawinengefährdete Steilabfahrt bei gut gesetztem Schnee feinsten Pulver bis ins Frühjahr verspricht... Die Spur führt vom Straßenrand direkt gegenüber immer der Hochgrieß-Rinne folgend ins Kar, das man rechtshaltend „hinaufserpentiniert" (Schneeprofil graben! 850 Hm). Oberhalb schließt hochalpines Winterbergsteigen über die Schrofen zum Gipfel an (2185 m, 1125 Hm). Blick auf die gesamten Ammergauer und die hohen Berge nördlich des Inntals von der Zugspitze bis zur Parseierspitze.

Christian Schneeweiß

Nur wenige kleine, am Rand der Ammergauer Alpen gelegene Skigebiete erschließen dem Brettl-Fan dieses Gebirge. Der Rest verspricht (manchmal) Tiefschnee, fast immer aber einsame Touren.

Pulverschnee und Fahrkönnen der Superlative.
Robert Kölbl am Hahnenkamm.

Bei Reutte im Außerfern enden die Ammergauer Alpen im Westen.

Frühjahrsskitour auf den Friederspitz, im Hintergrund Hochwanner und Daniel

Nur wer früh aufsteht, kommt in den Genuß leicht angefirnter Hänge. Abfahrt vom Friederspitz.

Endlich Stille, Kreuzspitzl und Geierköpfe im Mondlicht

◀ *Für die Hörnlealmen beginnt die Ruhe des Winters.*

Unwirtliche Schönheit, Minuten später verschlucken die Wolken wieder Geiselstein, Gumpenkarspitze und Gabelschrofen.

Genießen wir jeden unserer Schritte in den Ammergauer Alpen. Abend auf dem Schartenkopf.

Über die Textautoren

Marcus Lutz

wurde 1962 in Füssen, am Westrand der Ammergauer Alpen, geboren und arbeitet als Projektingenieur im Sondermaschinenbau. Der heute in Schwangau unterm Tegelberg lebende Extremkletterer hat als „Lokalmatador" in den westlichen Ammergauern, seinen Hausbergen, viele schwere bis extreme Routen erstbegangen. Er hat dieses reizvolle Gebirge in vielen seiner Veröffentlichungen – besonders in Berg- und Klettermagazinen sowie beim Alpenverein – und als Autor des Alpenvereinsführers „Ammergauer Alpen" unter Kletterern wie Wanderern wohlbekannt gemacht.

Julia Schlegel

wurde 1971 in München geboren und lebt heute in Murnau, direkt gegenüber dem Ammergebirge. Sie studiert Journalistik an der Ludwig-Maximilians-Universität und der Deutschen Journalistenschule in München, schreibt aber bereits jetzt als freie Journalistin Artikel aller Art, speziell über Sport, Natur und natürlich die Berge, in denen sie einen Großteil ihrer Freizeit mit allen erdenklichen Aktivitäten verbringt.

Christian Schneeweiß,

geboren 1963 in Saarbrücken, lebt seit 1974 in seiner oberbayerischen Wahlheimat zwischen München, Mangfall- und Ammergebirge (seit 1995 in Wolfratshausen). Der begeisterte Alpinbergsteiger, ausgebildete Geograph und praktizierende Sozialwissenschaftler ist Textautor von etwa einem Dutzend 1995 erschienener Zeitschriftenartikel des Outdoorbereichs.

Paul Werner,

geboren 1936 in Sillein, dem heutigen Zillina in der Slowakei, verschlug es mit dem Kriegsende nach München, wo er Architektur studierte und Baudirektor beim Bayerischen Landesamt für Denkmalpflege wurde. Er ist mit mehreren Buch- und zahlreichen Zeitschriftenveröffentlichungen eine Koryphäe auf dem Gebiet des Brauchtums und Kulturguts im bayerischen Alpenraum. Der passionierte Bergsteiger hat außerdem mehrere Alpenvereins- und Klettersteigführer herausgegeben – vor allem den in mehrere Sprachen übersetzten Dauerbrenner „Klettersteig-Atlas Alpen" – sowie unzählige Artikel für Bergzeitschriften geschrieben.

Führer und Karten über die Ammergauer Alpen

KOMPASS *Kulturreiseführer*
252 Bayerisch Schwaben – Allgäu
288 Oberbayern, westlicher Teil

KOMPASS *Wanderbücher*
901 Reutte – Außerfern
923 Garmisch-Partenkirchen – Werdenfelser Land
924 Pfaffenwinkel – Ostallgäu

KOMPASS *Wanderkarten*
(mit KOMPASS-Lexikon)
4   Füssen – Außerfern 1: 50 000
5   Wettersteingebirge 1: 50 000
05 Oberammergau und Ammertal 1:35 000
7   Murnau – Kochel – Staffelsee 1:50 000
07 Werdenfelser Land mit Zugspitze 1:35 000

Einfach nur unterwegs will ich sein,
zur Ruhe kommen,
Die Natur jeden Tag aufs Neue entdecken,
ein Leben lang die Berge lieben.

Bernd Ritschel